Das Praxisbuch zum iPad

Ahmet Iscitürk

Data Becker

Wichtiger Hinweis

Die in diesem Buch wiedergegebenen Verfahren und Programme werden ohne Rücksicht auf die Patentlage mitgeteilt. Sie sind für Amateur- und Lehrzwecke bestimmt.

Alle technischen Angaben und Programme in diesem Buch wurden vom Autor mit größter Sorgfalt erarbeitet bzw. zusammengestellt und unter Einschaltung wirksamer Kontrollmaßnahmen reproduziert. Trotzdem sind Fehler nicht ganz auszuschließen. DATA BECKER sieht sich deshalb gezwungen, darauf hinzuweisen, dass weder eine Garantie noch die juristische Verantwortung oder irgendeine Haftung für Folgen, die auf fehlerhafte Angaben zurückgehen, übernommen werden kann. Für die Mitteilung eventueller Fehler ist der Autor jederzeit dankbar.

Wir weisen darauf hin, dass die im Buch verwendeten Soft- und Hardwarebezeichnungen und Markennamen der jeweiligen Firmen im Allgemeinen warenzeichen-, marken- oder patentrechtlichem Schutz unterliegen.

Copyright	© DATA BECKER GmbH & Co. KG Merowingerstr. 30 40223 Düsseldorf
E-Mail	buch@databecker.de
Produktmanagement	Manuel Morschel
Textmanagement	Jutta Brunemann
Layout	Jana Scheve
Umschlaggestaltung	Inhouse-Agentur DATA BECKER
Textverarbeitung und Gestaltung	Astrid Stähr
Produktionsleitung	Claudia Lötschert
Druck	Media-Print, Paderborn
	Alle Rechte vorbehalten. Kein Teil dieses Buches darf in irgendeiner Form (Druck, Fotokopie oder einem anderen Verfahren) ohne schriftliche Genehmigung der DATA BECKER GmbH & Co. KG reproduziert oder unter Verwendung elektronischer Systeme verarbeitet, vervielfältigt oder verbreitet werden.

ISBN 978-3-8158-3051-2

Inhaltsverzeichnis

Einleitung 11

1. Die Grundlagen 13

1.1 Diese Vorteile haben iPhone- und iPod touch-Besitzer 14
1.2 Technische Daten und Übersicht aller iPad-Modelle 15
1.3 Vor- und Nachteile des iPads Wi-Fi + 3G 16
Wichtiges zur Micro-SIM-Karte 18
1.4 Verbrauch & Datenvolumen kontrollieren 19
So senken Sie Ihren Datenverbrauch 19
Unterwegs keine Apps herunterladen 20
Push-Dienste deaktivieren 20
Keine E-Mail-Anhänge laden & „Entfernte Bilder" deaktivieren 21
Streaming-Inhalte meiden 21
Browser-Alternativen nutzen 22
Unterwegs Voice over IP (VoIP) nutzen: ja oder nein? 22
Soziale Netzwerke über Kombi-Apps nutzen 23
Kostenfalle Daten-Roaming 23
1.5 Bedienung & Interface 24
iPad ganz schnell stummschalten 24
Bildschirmfoto mit einem Klick 24
Beenden einer App erzwingen 25
Reset/Neustart ohne Probleme 25
iPad im Wartungsmodus wiederherstellen 25
Mehr aus der Home-Taste herausholen 26
Die perfekte Pflege des Multi-Touch-Screens 26
1.6 Die virtuelle Tastatur wirklich beherrschen 27
Tastatur unproblematisch aufrufen 28
Markieren, kopieren und einsetzen im Schnellverfahren 28
Abkürzung für Umlaute – einfach schneller schreiben 28
1.7 So tippen Sie richtig 29
Unterwegs im Stehen 29
Im Sitzen ohne Tisch 30
Sitzend am Tisch 30

1.8	**Die Schnittstellen richtig nutzen**	31
	Das Universalgenie: der Dock Connector	31
	Mit externen Geräten per Bluetooth verbinden	32
	WLAN für superschnelles Internet	33
	Kopfhörer- & Mikrofonanschluss in Topqualität	33
	Die Micro-SIM-Karte einfach einlegen	33
1.9	**Wirklich sinnvolles Zubehör**	34
	Taschen, Cases und Schutzfolien	34
	Mäuse, Tastaturen, Stylus	35
	Docking-Stationen und Haltevorrichtungen	36
	Kabel, Adapter und Co.	37
	Vielseitiger als gedacht: das iPad Camera Connection Kit	37

2. Das iPad schnell einrichten — 39

2.1	**Wichtige Einstellungen**	40
	Mail, Kontakte & Kalender optimieren	40
	Wi-Fi-Netzwerk einrichten	42
	Safari mit wenigen Klicks konfigurieren	43
	Webformulare automatisch ausfüllen	44
	Helligkeit & Hintergrund ändern für besseren Durchblick	44
	Der Bilderrahmen: der perfekte Blickfang	45
	Wichtiger, als es klingt: der Menüpunkt „Allgemein"	46
	Alle Infos auf einen Blick	47
	Mit „Benutzung" mehr Informationen herausholen	47
	Töne schnell konfigurieren	48
	Netzwerkeinstellungen einfach gemacht	48
	Bluetooth sicher einrichten	48
	Ortungsdienste für die perfekten Suchergebnisse	49
	Die Sperrfunktionen des iPads festlegen	49
	Tastatur und Auto-Korrektur: besser tippen	50
	Internationale Tastaturen	51
	Mit Bedienungshilfen alles lesen und verstehen können	52
	Datenbanken, Einstellungen & Weiteres zurücksetzen	53
2.2	**Mit iTunes richtig synchronisieren**	53
	Kontakte immer auf dem neusten Stand halten	54
	Alle Termine aktualisieren	55
	Mail-Accounts schnell synchronisieren	56
	Alle Lesezeichen/Favoriten synchronisieren	57

	Notizen synchronisieren	58
	Erweiterte Optionen schnell nutzen	58
	Apps synchronisieren	59
	Musik & Videos problemlos auf das iPad bringen	60
	Fernsehsendungen synchronisieren	61
	Podcasts mit dem iPad synchronisieren	64
	iTunes U synchronisieren	66
	Bücher konvertieren und auf dem iPad lesen	66
	Fotos synchronisieren	68
	Genius aktivieren und Ihr persönliches Radio erstellen	68
2.3	**Spotlight: die integrierte Suchmaschine**	69
	Was ist Spotlight eigentlich?	70
	Spotlight richtig konfigurieren	70
	Spotlight: Apps schneller finden und starten	70
	Spotlight: Musik, Podcasts und Filme starten	71
	Spotlight: Mails, Kalender und Termine aufrufen	72

3. So holen Sie alles aus dem iPad heraus ... 75

3.1	**So erhöhen Sie die Akkulaufzeit**	76
	Auto-Helligkeit aktivieren	76
	Equalizer deaktivieren	77
	Flugmodus aktivieren	77
	Nicht bei 100 % mit dem Laden aufhören	77
3.2	**So sparen Sie wertvollen Speicherplatz**	78
	SD-Videos bevorzugen	79
	Höhere Datenraten konvertieren	79
	Cloud-Computing: Nutzen Sie die Datenwolke	79
	Nutzen Sie Streaming-Apps	80
3.3	**Das iPad vollkommen an Ihre Wünsche anpassen**	80
	Eigenen Hintergrund finden und wählen	81
	Icons auf dem Gerät arrangieren	82
	Icons in iTunes arrangieren	84
	Abkürzungen für Ihre Webseiten anlegen	84
	Warum Web Apps keinen Sinn ergeben	86
3.4	**Besser surfen mit dem iPad**	86
	Wichtige Voreinstellungen	86
	Lesezeichen mit einem Klick verwalten	87
	Mehrere Browser-Fenster öffnen	88

3.5	**Mit Browser-Alternativen mehr aus dem Internet herausholen**	89
	Atomic Web Browser	89
	iCurtain	89
	iCab	90
	Browser Duo	91
3.6	**Keine Flash-Unterstützung**	91
	Es gibt immer eine Lösung	92
3.7	**Surfen und Sparen**	93
	Alternative Browser installieren	93
	Webseiten und Artikel offline genießen	94
	InstaPaper	94
	Offline Pages	95
3.8	**Viren, Trojaner und andere schlimme Sachen**	95
3.9	**Die Mail-App und ihre Eigenheiten**	96
	Bilder und Videoclips verschicken	97
	Kontakte versenden	99
	Web-Mail auf dem iPad nutzen	100
3.10	**So verwalten Sie Ihre Kontakte**	101
	Externe Kontakte und Onlineadressbücher	103

4.	**Den Alltag komplett mit dem iPad organisieren**	107
4.1	**Den Kalender ausreizen**	108
4.2	**Einfach und nützlich: Notizen-App**	109
4.3	**MobileMe: wann es wirklich sinnvoll ist**	111
	Mail, Kalender und Kontakte abgleichen	111
	Zugriff immer und überall	112
	Fast perfekte iPad-Integration	112
	Die Funktion „Finde mein iPad"	113
	Fernsperre und Fernlöschung	113

5.	**Das iPad als der perfekte Multimedia-Computer**	115
5.1	**Einfach genial: Fotos-App**	116
	Die Bedienung ist schnell erlernt	117
	Vorteile für iPhoto-Besitzer	118
	Fotos ohne iTunes auf das iPad laden	119

5.2	Der Videoplayer	120
	Was ist Scrubbing?	121
	Hier finden Sie die Videooptionen	121
5.3	**iPod: Musik, Podcasts und Musikvideos**	122
	Wiedergabelisten erstellen und verwalten	123
	Genius: automatische Wiedergabelisten	124
	Podcasts anhören und ansehen	124
	iPod-Optionen optimieren	125
5.4	**YouTube für das iPad – YouTube de luxe**	125
	Unbedingt registrieren	126
	Die wichtigsten Features für Mitglieder	127
	Favoriten anlegen, Links senden, bewerten und melden	127
	Die Seitenleiste und ihre Funktionen	128
	So löschen Sie Abos und Favoriten	128
	Eigene Videos auf YouTube hochladen	128
5.5	**iTunes: Inhalte kaufen und laden**	129
	Die wichtigsten Elemente	130
	Genius: der virtuelle Einkaufsberater	130
	iTunes-Gutschein einlösen	131

6. Der App Store — 133

6.1	**So finden Sie sich zurecht**	134
6.2	**Bevor Sie Apps kaufen ...**	136
	Immer erst die Bewertungen prüfen	136
	Nach Gratisalternativen suchen	136
	Erst Demo- und Lite-Versionen laden	137
	Dateigröße checken	137
	Brauchen Sie wirklich jede App?	137
	Auf nachträgliche Kosten achten	138
	Vorsicht: Daten sammelnde Apps!	138

7. 50 unverzichtbare Apps — 141

7.1	**Die besten Spiele**	142
	Glyder 2 for iPad	142
	Angry Birds HD	143
	Pinball HD	143
	Virtual Pool HD	144

Real Racing HD	145
Warpgate HD	145
Command & Conquer: Alarmstufe Rot	146
10 Pin Shuffle	147
Cogs HD	147
Brothers in Arms 2: Global Front HD	148
Scrabble	149
Flick Fishing	150
Mirror's Edge	151
Labyrinth 2 HD	151
Kreuzworträtsel Pro XL HD	152
Bruce Lee Dragon Warrior HD	153
FaceFighter HD Face2Face	153
Plants vs. Zombies HD	154
Civilization Revolution	155
GodFinger	155
Dungeon Hunter HD	156
7.2 Besser lesen	**157**
iBooks	157
GoodReader	158
Die Elemente: Bausteine unserer Welt	158
Offline Pages	159
IMDb	160
Marvel Comics	161
Die Welt HD	162
Pulse News Reader	163
BBC News	164
The Early Edition	165
Das Foto-Kochbuch – Schnell & Einfach	166
The Iconist	167
7.3 Praktische und kreative Tools	**168**
Air Display	168
iWork	169
Dropbox	170
SketchBook Pro	171
Twitterrific	172

Air Video	172
iWeather	173
Absolute Vintage Studio	174
Korg iElectribe	174
FingerPiano	175
DJDeckX	176
LogMeIn: Ignition	176
YXPlayer	177
Putpat TV	178
Big Calculator	179
Starmap HD	179
iOutBank	180

8. Die 17 wichtigsten Webseiten für iPad-User ... 183

Spiegel.de	184
iPad-mag.de	185
Google Bücher	185
Scribd.com	186
MacUser.de	187
iFun.de	187
Engadget	188
Gizmodo.de	189
Facebook	189
Google	190
Verivox.de	191
Mobile.de	191
Immonet.de	192
iPhonesites.de	192
Sports Illustrated	193
Golem	194
Gametrailers.com	194

9. iPad-Hacking: Was ist ein Jailbreak? ... 197

9.1 So installieren Sie die Custom-Firmware mit Spirit ... 198

9.2 Nach dem Jailbreak: Verpassen Sie Ihrem iPad den Turbo ... 199

Cydia ist Ihr Tor in die neue Softwarewelt ... 200

9.3 Die wichtigsten Funktionen von Cydia 200

9.4 Die wichtigsten Jailbreak-Apps 203
    Wi-Fi Sync: iPad per WLAN synchronisieren 203
    MyWi: iPhone als WLAN-Router für iPad verwenden 204
    Winterboard: So verschönern Sie das iPad 204
    SBSettings: die Minischaltzentrale für das iPad 205
    ProSwitcher HD: Multitasking auf dem iPad 206
    Infinidock: Erweitern Sie das iPad-Dock 206
    MultilconMover: mehrere Icons gleichzeitig verschieben 206
    Infiniboard: horizontales und vertikales Scrolling 207
    Categories: Sammeln Sie Ihre Apps in kategorisierten Ordnern 207
    Activator: iPad-Steuerung de luxe 208
    iFile: der iPad-Explorer 208
    Safari Download-Plug-in: Dateien mit Safari herunterladen 209

10. Antworten auf die meistgestellten iPad-Fragen 211
    Wi-Fi-Verbindung priorisieren? 212
    iPhone als iPad-Modem nutzen? 212
    Mit mehreren Computern synchronisieren? 213
    Kann ich mit dem iPad fotografieren? 213
    Kann man das iPad wirklich nicht im Freien nutzen? 214
    Welche Datentarife sind für das 3G-Modell zu empfehlen? 214
    Ist das iPad auch für IT-unerfahrene Senioren geeignet? 215
    Lieber auf iPad 2 warten? 215
    Vollwertiger Navi-Ersatz? 216
    Ist ein Netbook nicht viel günstiger und besser? 216
    Kann man ein anderes Betriebssystem installieren? 216
    iPhone-MultiSIM in iPad benutzen? 217
    iPad als Infrarot-Fernbedienung? 217
    Spamfilter aktivieren? 218
    DivX-/Avi-Filme abspielen? 218
    Der beste E-Book-Reader? 219
    Dateien mit Mail-App verschicken 220
    Telefonieren mit dem iPad? 220
    Das iPad ohne Computer nutzen? 221
    iPad trotz vollen Akkus am Netz lassen? 221
    Das iPad wird nicht via USB aufgeladen 221

Stichwortverzeichnis 222

Einleitung

Hallo, werter iPad-Besitzer!

Wir gratulieren Ihnen zum Kauf dieses Ratgebers, der ebenso vielseitig ist wie das Gerät, das er thematisiert. Apple hat mit dem iPad nicht einfach nur ein neues Gadget erschaffen, sondern gleich eine neue Gerätekategorie. Es ersetzt viele Produkte, kann aber eigentlich mit keinem erhältlichen Produkt verglichen werden.

Das iPad ist ein Gadget-Chamäleon und vielseitiger, als viele glauben. Mit Internet, Spielen und E-Mail schöpfen Sie gerade mal 20 % seines Potenzials aus. Dafür müssen Sie es natürlich richtig konfigurieren. Weil das iPad zwar kinderleicht zu bedienen, aber nicht völlig frei von Stolperfallen ist, haben wir diese für Sie identifiziert und durch Profi-Tipps entschärft. Es gibt jedoch Dinge, die Sie in diesem Buch nicht finden: zum Beispiel ellenlange Abhandlungen zu grundlegenden Funktionen, die bereits in Apples Bedienungsanleitung ordentlich erklärt werden.

Wir zeigen Ihnen stattdessen, wie Sie Videos umwandeln, um sie iPad-tauglich zu machen, und was Sie tun müssen, um wirklich jeden Lesestoff richtig formatiert auf den Touchscreen zu bekommen. Darüber hinaus erfahren Sie, wie Sie beim Surfen Geld sparen, wie man wirklich alle Kontakte oder Lesezeichen synchronisiert und die virtuelle Tastatur richtig benutzt. Natürlich dürfen die wichtigsten Apps nicht fehlen und deshalb präsentieren wir Ihnen 50 Topapplikationen, die Sie selbst nach Wochen begeistern werden.

Kurz: Wir beschränken uns auf das, was für Sie wirklich von Interesse ist.

Ahmet Iscitürk

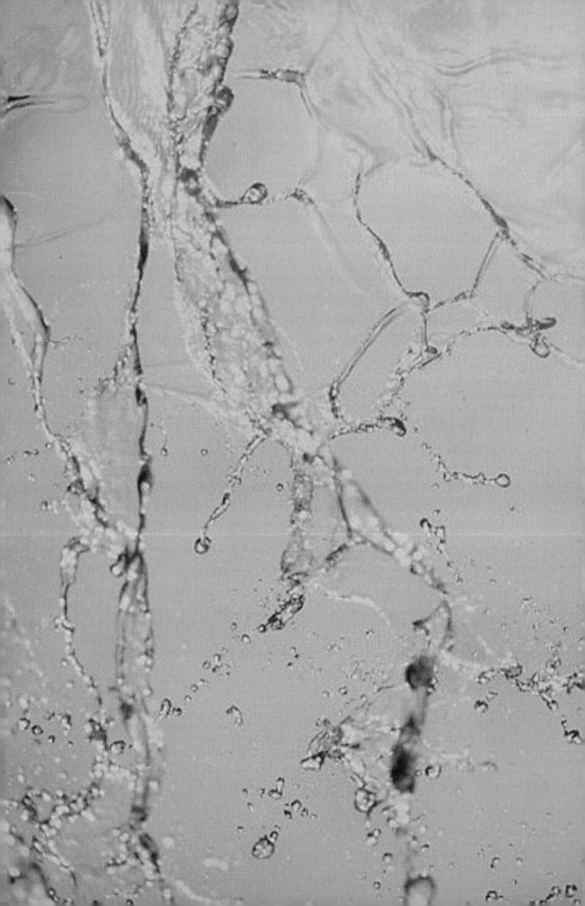

1. Die Grundlagen

1.1	Diese Vorteile haben iPhone- und iPod touch-Besitzer
1.2	Technische Daten und Übersicht aller iPad-Modelle
1.3	Vor- und Nachteile des iPads Wi-Fi + 3G
1.4	Verbrauch & Datenvolumen kontrollieren
1.5	Bedienung & Interface
1.6	Die virtuelle Tastatur wirklich beherrschen
1.7	So tippen Sie richtig
1.8	Die Schnittstellen richtig nutzen
1.9	Wirklich sinnvolles Zubehör

In diesem Kapitel erhalten Sie das Grundwissen, das Ihnen die ersten Schritte enorm erleichtert. Dieses Vorwissen ist auch für die Tasks vonnöten, die Sie in späteren Kapiteln erwarten.

1.1 Diese Vorteile haben iPhone- und iPod touch-Besitzer

Besitzer eines iPod touch oder iPhones haben einen entscheidenden Vorteil: kompatible Apps! Sie müssen eine App also nur einmal kaufen, um sie beispielsweise auf dem iPhone 3GS und auf dem iPad Wi-Fi + 3G zu benutzen. Da lässt sich auf Dauer viel Geld sparen. Beispiel: Wer ein Spiel für das Android-Handy besitzt, muss für die iPad-Version desselben Titels erneut zahlen. iPhone-Nutzer können die einmal gekaufte Navigon-App aber auf beiden Geräten einsetzen.

Es kann sich für iPad-Fans also lohnen, auf das iPhone umzusteigen. Auch, weil bereits diverse Apps erhältlich sind, die das iPad mit dem iPhone verbinden. Etwa Camera for iPad, die über Bluetooth und Wi-Fi auf die Kamera des iPhones zugreift und das iPad um eine Digicam-Option erweitert.

iPad mit iPhone-Headset

Das iPhone-Headset lässt sich ohne Einschränkungen mit dem iPad nutzen. Sie können damit nicht nur Musik hören und Filme in Ruhe genießen, sondern dank des integrierten Mikrofons auch sprechen. Ideal für VoIP-Apps wie Skype und Co.

1.2 Technische Daten und Übersicht aller iPad-Modelle

Das iPad ist in unterschiedlichen Varianten erhältlich und nicht wenige iPad-User überlegen sich dank Apples humaner Preisgestaltung die Anschaffung eines Zweitgerätes.

An dieser Stelle möchten wir Ihnen deshalb einen Überblick über die momentan erhältlichen Modelle und deren Unterschiede geben.

Modelle	Apple iPad Wi-Fi 16/32/64 GB	Apple iPad Wi-Fi + 3G 16/32/64 GB
Drahtlos-Technologie	WLAN (a/b/g/n-Standard), Bluetooth 2.1 + EDR	WLAN (a/b/g/n-Standard), Bluetooth 2.1 + EDR
Mobile Datenverbindung	Nein	UMTS/HSDPA/EDGE/GSM (Micro-SIM)
Speicher	16/32/64 GByte	16/32/64 GByte
GPS	Nein	Ja
Displayart	Multi-Touch mit LED-Beleuchtung und IPS-Technologie	Multi-Touch mit LED-Beleuchtung und IPS-Technologie

Modelle	Apple iPad Wi-Fi 16/32/64 GB	Apple iPad Wi-Fi + 3G 16/32/64 GB
Displaygröße	9,7 Zoll (24,6 cm)	9,7 Zoll (24,6 cm)
Auflösung	1.024 x 768 Pixel bei 132 ppi	1.024 x 768 Pixel bei 132 ppi
Prozessor	1 GHz Apple A4	1 GHz Apple A4
Batterielaufzeit	ca. 10 Stunden	ca. 10 Stunden
Audioformate	AAC, MP3, Audible, Apple Lossless, AIFF, WAV	AAC, MP3, Audible, Apple Lossless, AIFF, WAV
Videoformate	H.264, .m4v, .mp4, .mov; MPEG-4, M-JPEG	H.264, .m4v, .mp4, .mov; MPEG-4, M-JPEG
Unterstützte E-Mail-Anhänge	.jpg, .tiff, .gif , .doc, .docx, .htm, .html, .pdf, .ppt, .pptx, .txt, .rtf, .vcf, .xls, .xlsx	.jpg, .tiff, .gif , .doc, .docx, .htm, .html, .pdf, .ppt, .pptx, .txt, .rtf, .vcf, .xls, .xlsx
Unterstützte E-Book-Formate	EPUB (proprietäres Apple-Format)	EPUB (proprietäres Apple-Format)
Gehäuse	Aluminium	Aluminium
Gehäusemaße	242,8 x 189,7 x 13,4 mm	242,8 x 189,7 x 13,4 mm
Gewicht	680 g	730 g
Sonstige Features	Licht- & Bewegungssensoren, Lautsprecher, Mikrofon	Micro-SIM-Slot, Licht- & Bewegungssensoren, Lautsprecher, Mikrofon

1.3 Vor- und Nachteile des iPads Wi-Fi + 3G

Die 3G-Version des iPads bietet Vor- und Nachteile und einige davon sind erst auf den zweiten Blick zu erkennen. Die wichtigsten Punkte finden Sie auf den folgenden Seiten.

> **Kein Internet via Bluetooth-Tethering!**
>
> Das iPad unterstützt offiziell kein Internet-Tethering via Bluetooth. Sie können es also nicht mit dem Mobiltelefon verbinden, um dessen Mobilfunkverbindung zum Surfen zu nutzen. Dies lässt sich zwar durch Hacks (Stichwort: Jailbreak) umgehen, aber von diesen Maßnahmen raten wir Einsteigern ab. Zu oft kommt es vor, dass entsprechend gehackte Geräte abstürzen oder sich nicht mehr richtig über iTunes synchronisieren lassen.

Während die „einfache" Version des iPads nur via WLAN eine Onlineverbindung herstellt, kann die 3G-Variante auch auf das mobile Datennetz Ihres Mobilfunk-Providers zugreifen. Es ist also das einzige iPad, mit dem Sie GPRS-, EDGE- oder 3G-Verbindungen herstellen können.

Auch „echte" GPS-Funktionen sind nur den 3G-Modellen vorbehalten. Wer sich die günstigere Wi-Fi-Only-Version besorgt, muss also auf echte Navi-Features verzichten. Was viele Einsteiger nicht wissen: Es sind nicht nur reine Navi-Apps, die den GPS-Chip des iPads nutzen. In der modernen App-Welt gibt es immer mehr Programme, die durch genaue Positionsbestimmung eine Menge Vorteile für die Nutzer bringen. Zum Beispiel Programme, die Ihnen verraten, wo Sie das Auto geparkt haben oder wie schnell Sie gestern gejoggt sind.

Kommen wir zu den Nachteilen der 3G-Modelle: Nicht nur iPhone-User wissen, dass eine Datenverbindung ins Mobilfunknetz ordentlich an der Akkulaufzeit nagt – vor allem im 3G-Modus. Während die Wi-Fi-Only-Variante des iPads locker elf Stunden durchhält, geht dem 3G-Modell (im 3G-Betrieb) etwa drei Stunden früher der Saft aus. Mit verkürzten Akkulaufzeiten sollten außerdem regelmäßige Nutzer von Navi-Software (z. B. von Navigon oder TomTom) rechnen.

Wichtiges zur Micro-SIM-Karte

Das iPad Wi-Fi + 3G gehört zu den ersten Geräten, die mit sogenannten Micro-SIM-Karten betrieben werden. Deutsche Mobilfunkanbieter haben diese Micro-SIMs erst seit Mai 2010 im Programm. Sie sind kleiner als klassische SIM-Karten, doch der darauf befindliche Chip ist der gleiche.

Micro-SIM-Karte basteln

Mit ein wenig Geschick können Sie sich aus einer normalen alten SIM-Karte relativ einfach eine Micro-SIM basteln. Die nötigen Anleitungen und Hilfsmittel erhalten Sie unter folgender URL: http://simcut.road-works.de. Seien Sie jedoch gewarnt: Bei unsachgemäßer Behandlung könnte der Chip beschädigt und die SIM-Karte unbrauchbar werden. Mit der SIMCut-Methode wird dieses Risiko aber drastisch minimiert.

1.4 Verbrauch & Datenvolumen kontrollieren

Sie haben keine mobile Daten-Flatrate gewählt, sondern einen zeit- oder volumengebundenen Tarif? Dann sollten Sie regelmäßig ein Auge auf Ihren Verbrauch werfen.

Das entsprechende Menü finden Sie über *Einstellungen/Allgemein/Benutzung*. Unter *Mobile Netzwerkdaten* können Sie jederzeit Ihren Datenverbrauch einsehen. Immer am ersten Tag jedes Monats sollten Sie diese Verbrauchsanzeige via *Statistiken zurücksetzen* zurückstellen. Auf diese Weise bleibt die monatliche Rechnung Ihres Providers immer nachvollziehbar.

So senken Sie Ihren Datenverbrauch

Das iPad wird vom iPhone OS angetrieben und dieses ist auf ständiges „Online sein" ausgelegt. Wer keinen Flatrate-Tarif nutzt, kann sich deshalb kostenmäßig leicht verzetteln.

Jedes Mal wenn Ihr Gerät Daten empfängt oder versendet, steigen das verbrauchte Volumen und somit Ihre Kosten. An dieser Stelle möchten wir Ihnen deshalb zeigen, wie Sie diesen Verbrauch so gering wie möglich halten.

Unterwegs keine Apps herunterladen

Es gibt Apps, die nur wenige MByte groß sind, aber es gibt auch welche, die im GByte-Bereich liegen. Navi-Apps sind ein gutes Beispiel und gern um die zwei GByte groß! Das Herunterladen von Apps kann den Traffic-Zähler also in schwindelerregende Höhen treiben. Achten Sie daher immer auf die Größe von Apps, wenn Sie wirklich mal eine App unterwegs herunterladen müssen. Die Information finden Sie im App Store immer unter der Versionsnummer.

Push-Dienste deaktivieren

Viele Apps nutzen den Push-Service, um User mit neuen Infos zu versorgen – selbst wenn die entsprechende App gar nicht aktiv ist. So erfahren Sie zum Beispiel, dass auf Facebook eine neue Nachricht auf Sie wartet. Dabei werden nur geringe Datenmengen übertragen, aber über den Monat verteilt kann sich das ganz schön läppern. Deshalb: *Einstellungen/Benachrichtigungen/Aus*.

Auch die E-Mail- und Kalender-App lassen sich automatisch via Push-Dienst aktualisieren. Da Mobilfunk-Provider in der Regel blockweise (z. B. 100 KByte) abrechnen, sollten Sie die E-Mail-Konten nur manuell aktualisieren: *Einstellungen/Mail, Kontakte, Kalender, Datenabgleich/Push/Aus*.

Keine E-Mail-Anhänge laden & „Entfernte Bilder" deaktivieren

Wer jeden E-Mail-Anhang öffnet, braucht sich nicht über hohe Kosten zu wundern. Glücklicherweise befindet sich unter jedem E-Mail-Anhang eine Anzeige, die die genaue Dateigröße verrät. Sie sollten außerdem die Option *Entfernte Bilder laden* deaktivieren. So werden in E-Mails verlinkte Bilder und Ähnliches gar nicht erst geladen. Die Option finden Sie unter *Einstellungen/Mail, Kontakte, Kalender, Entfernte Bilder laden/Aus*.

Streaming-Inhalte meiden

Niemand möchte unterwegs auf Musik und Videos verzichten. Wer keine Flatrate nutzt, sollte sein iPad quasi auf Vorrat „betanken". Zum Beispiel mit Video- und Audioinhalten, die Sie zu Hause via iTunes geladen haben.

Das zeigen wir Ihnen ab Seite 60. Sollten Sie dennoch unterwegs Videoinhalte auf Webseiten begutachten wollen, sollten Sie sich auf niedrig aufgelöste bzw. gut komprimierte Inhalte beschränken.

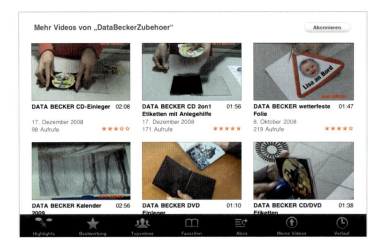

Browser-Alternativen nutzen

Safari ist komfortabel und perfekt auf das iPad zugeschnitten. Wer kostensparend surfen will, sollte aber Alternativen in Betracht ziehen. Der Opera Mini Web Browser komprimiert die Daten serverseitig, was Geschwindigkeit und Traffic zugute kommt. Dafür ist das In-

terface nicht ideal, aber daran wird gearbeitet. Die winzige App SpeedSurfer geht noch einen Schritt weiter. Sie blendet auf Wunsch alle Bilder und Werbung aus, wodurch beachtliche Einsparungen erzielt werden können. Auf Seite 89 finden Sie drei iPad-optimierte Browser-Alternativen, die uns besonders überzeugen konnten.

Unterwegs Voice over IP (VoIP) nutzen: ja oder nein?

VoIP-Apps wie Fring oder FriendCaller erlauben Gratisgespräche über die mobile Datenverbindung. Bei den Übertragungen entsteht ordentlich Traffic, doch trotzdem kann man iPad 3G-Nutzern nicht komplett davon abraten.

Wer einen Mobilfunkvertrag mit hohen Gesprächspreisen hat, könnte mit VoIP ohne Daten-Flatrate nämlich immer noch Geld sparen. Vergleichen Sie also Ihren Gesprächstarif mit Ihrem iPad-Datentarif. 15 Minuten VoIP-Telefonie entsprechen in der Regel etwa 5 MByte Traffic.

Soziale Netzwerke über Kombi-Apps nutzen

Wer in unterschiedlichen sozialen Netzwerken wie Twitter, MySpace, Facebook und Co. unterwegs ist, muss nicht zwingend mehrere Apps dafür nutzen. Einfacher und kostensparender sind Kombi-Apps wie TwitPic, CellSpin oder Tweet my Face. Diese erlauben das simultane Abrufen und Verfassen von Statusupdates auf unterschiedlichen Onlineplattformen.

Kostenfalle Daten-Roaming

Immer wieder hört man Horrorstorys über Touristen, die sich im Urlaub „bankrott surfen". Daran sind horrende Roaming-Gebühren und die Unkenntnis der meisten User schuld. Während früher bei mobilem

Datenverkehr im Ausland durchschnittlich 1,68 Euro pro MByte fällig wurden, hat das Europäische Parlament die Kosten 2009 auf 1 Euro pro MByte reduziert. 2010 ist der Preis auf 0,80 Euro pro MByte gefallen und ab dem 01.07.2011 sollen es „nur noch" 0,50 Euro pro MByte sein. Wirklich günstig wird das Ganze in naher Zukunft also nicht. Darum sollten Sie die Daten-Roaming-Option unbedingt deaktivieren: *Einstellungen/Mobile Daten/Daten-Roaming/Aus*.

1.5 Bedienung & Interface

Die Grundfunktionen der iPad-Tasten erklären sich von selbst und darum wollen wir Sie gar nicht erst damit aufhalten. Es gibt allerdings ein paar Tastenfunktionen, die Sie vielleicht noch nicht kannten.

iPad ganz schnell stummschalten

Das iPhone hat einen sogenannten Mute-Switch, der das Gerät sofort stummschaltet. Beim iPad sitzt an dessen Stelle die Bildschirmrotationssperre. Um das iPad dennoch per Knopfdruck stummzuschalten, halten Sie einfach kurz den Volume down-Schalter gedrückt.

Bildschirmfoto mit einem Klick

Halten Sie kurz den Ein-/Ausschalter und den Home-Button gleichzeitig gedrückt, um ein Foto des aktuellen Screens zu erstellen. Dieses wird automatisch gespeichert und lässt sich ganz normal in Apples Foto-App begutachten. Zu finden ist es dort unter *Gesicherte Fotos*.

Beenden einer App erzwingen

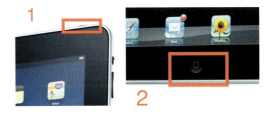

Manchmal kommt es vor, dass eine App „einfriert" bzw. nicht mehr reagiert. Kurz: Das iPad ist lahmlegt. Halten Sie in diesem Fall den An-/Aus-Schalter gedrückt, bis der rote Slider erscheint. Nun lassen Sie den An-/Aus-Schalter los und halten stattdessen den Home-Button gedrückt. Dadurch wird die störrische App komplett geschlossen.

Reset/Neustart ohne Probleme

Manchmal hilft alles nichts – außer einem Neustart. Am schnellsten geht das, indem Sie gleichzeitig den Home- und den An-/Aus-Button gedrückt halten, bis das Boot-Logo (Apfel) auf dem Bildschirm erscheint.

iPad im Wartungsmodus wiederherstellen

In ganz seltenen Fällen kann es vorkommen, dass ein Gerät nicht mehr hochfahren will und auch von iTunes nicht mehr erkannt wird. Bevor Sie damit zum Kundendienst rennen, probieren Sie lieber erst folgenden Trick: iTunes starten, iPad anschließen. Jetzt etwa zehn Sekunden lang den Home- und den An-/Aus-Button betätigen.

ca. 8 Sekunden halten

Danach den An-/Aus-Schalter loslassen, aber den Home-Button weiter gedrückt halten, bis iTunes meldet, dass ein iPad im Wartungsmodus erkannt wurde. Jetzt brauchen Sie nur noch den Bildschirmanweisungen zu folgen, um das Gerät wiederherzustellen.

Mehr aus der Home-Taste herausholen

Die Home-Taste lässt sich mehrfach belegen. Sie können sich durch Doppelklicken auf diese Taste zum Beispiel den Suchbildschirm oder die iPod-Bedienung anzeigen lassen. Wählen Sie dafür unter *Einstellungen* den Punkt *Allgemein*, danach *Home* und dann die gewünschte Funktion.

Die perfekte Pflege des Multi-Touch-Screens

Der iPad-Screen ist nicht einfach nur ein Bildschirm, sondern ein sensibles Eingabegerät und als solches benötigt es Pflege. Der Bildschirm wird von Apple ab Werk mit einer Oleophobierung versehen. Das bedeutet, dass er mit einer Fett

und Öl abweisenden Schicht überzogen wurde. Um Fingerabdrücke und ähnliche Rückstände zu entfernen, genügt es daher in der Regel, mit einem weichen, trockenen Tuch über den Screen zu wischen. Benutzen Sie dafür keine Haushaltsreiniger und auch keine Substanzen, die Ammoniak oder Alkohol enthalten. Ansonsten könnten Sie die Beschichtung zerstören. Wir empfehlen ein handelsübliches Mikrofasertuch zur Reinigung.

1.6 Die virtuelle Tastatur wirklich beherrschen

Die virtuelle Tastatur kann Ihr größter Feind sein oder Ihr bester Freund. Es kommt ganz darauf an, ob Sie sich auf ihre Eigenheiten einlassen möchten oder nicht. Gehen Sie deshalb ohne Scheuklappen an die Sache heran! iPhone- und iPod touch-User haben natürlich bedingt durch das gleiche Betriebssystem einen Vorteil. Wenn Sie unsere Tipps beachten, werden Sie die virtuelle Tastatur aber auch als Einsteiger im Handumdrehen beherrschen.

Tastatur unproblematisch aufrufen

Viele Anfänger rufen als Erstes: „Wo ist der Button, mit dem ich die Tastatur aufrufe?" Oft denken User eben zu kompliziert. Die Tastatur taucht nämlich automatisch auf, wenn Sie mit dem Finger ein Textfeld berühren. Aber was ist, wenn Sie via Bluetooth mit einer „echten" Tastatur arbeiten und (aus welchem Grund auch immer) die virtuelle Tastatur brauchen? Betätigen Sie dafür kurz die Eject-Taste der Bluetooth-Tastatur und schon wird das virtuelle Keyboard ein-/ausgeblendet.

Markieren, kopieren und einsetzen im Schnellverfahren

Wenn Sie mit dem Finger einen Textabschnitt für etwa eine Sekunde berühren, öffnet sich das Copy & Paste-Dialogfeld, mit dem Sie Texte auswählen, kopieren und ersetzen können. Praktisch, aber ziemlich langwierig. Viel zeitsparender ist es, einen Text schnell zweimal hintereinander anzutippen. So wird das angetippte Wort automatisch markiert. Wer beim Schreiben eines Textes gleich einen ganzen Abschnitt markieren will, tippt die Passage einfach kurz viermal an. Leider funktioniert das Markieren ganzer Blöcke via „Viermal-Tippen" ausschließlich bei editierbaren Texten.

Abkürzung für Umlaute – einfach schneller schreiben

Umlaute befinden sich leider nicht direkt auf der Tastatur. Um die Buchstaben Ä, Ü und Ö zu tippen, müssen Sie bei iPad und Co. die Tasten [A], [U] oder [O] gedrückt halten. Das ist umständlich und kann bei längeren Schreibarbeiten wirklich nerven. Nur wenige wissen, dass es auch schneller geht. Wenn Sie einen Umlaut benötigen, drücken Sie die entsprechende Taste, indem Sie den Finger beim Berühren leicht nach oben ziehen.

Nach wenigen Versuchen haben Sie den Dreh raus und sparen jede Menge Zeit beim Schreiben. Das Gleiche gilt auch für den Buchstaben ß. Einfach beim Berühren der Taste ⓢ den Finger nach oben ziehen und schon schreiben Sie ein „scharfes S".

1.7 So tippen Sie richtig

Das iPad ist zwar handlich, aber nicht so leicht und kompakt wie ein PDA oder Smartphone. Hier verraten wir Ihnen, wie Sie je nach Situation am bequemsten tippen.

Unterwegs im Stehen

Wer unterwegs ist und keinen Sitzplatz hat, muss Nachrichten eben im Stehen verfassen – wenn möglich, ohne das iPad fallen zu lassen.

Manche behaupten, das sei unmöglich. Unserer Meinung nach geht das aber sehr gut, indem man das Gerät im Porträtmodus (hochformatig) hält und die Daumen zur Texteingabe benutzt. So haben Sie das Gerät einigermaßen fest im Griff und das Tippen geht auch relativ flott von der Hand.

Im Sitzen ohne Tisch

Legen Sie das iPad im Landscape-Modus (querformatig) auf Ihren Schoß. Manchmal tippt es sich bequemer, wenn Sie ein Kissen oder etwas anderes unterlegen, doch das hängt von der Sitzhöhe ab. Achten Sie außerdem darauf, ob Sie mit den Handballen häufig das Display berühren. Vor allem größere und kräftigere Menschen haben dieses Problem. Sollten Sie zu dieser Gruppe gehören, wird Ihnen auch im Sitzen das Hochkant-Daumeneingabeverfahren (siehe oben) eher zusagen.

Sitzend am Tisch

Liegt das iPad auf dem Tisch, werden Sie nach einiger Tippzeit merken, dass die Position eher unbequem ist. Schließlich sind echte Tastaturen ja auch nicht

völlig flach, sondern mit einem leichten Winkel versehen. Wenn Sie längere Texte tippen möchten, sollten Sie auf jeden Fall etwas an der Oberkante des Gerätes unterlegen. Schon eine banale Packung Taschentücher kann hier Wunder wirken! Wir empfehlen Ihnen aber Apples optional erhältliches iPad-Case, das Ihr Gerät schützt und als „Stütze" dient.

1.8 Die Schnittstellen richtig nutzen

Minimalistisch ausgestattet ist das iPad mit zur Verfügung stehenden Schnittstellen. Damit Sie trotzdem gegenüber dem Laptop keinen Nachteil haben, gibt es ein paar grundsätzliche Dinge zu beachten.

Das Universalgenie: der Dock Connector

Der 30-polige Dock Connector ist mit iPhone- und iPod touch-Kabeln kompatibel. Zur Not lässt sich das iPad sogar mit deren Netzteilen laden, allerdings dauert der Ladevorgang dann weitaus länger. Übrigens sollten Sie auf keinen Fall das iPad-Netzteil an das iPhone oder den iPod touch anschließen. Im schlimmsten Fall könnten Sie die Geräte damit ernsthaft beschädigen.

Unterseite

iPad aufladen

Wichtig: Das iPad kann zwar an alle USB-Schnittstellen angeschlossen werden, aber aufladen lässt es sich nur von sogenannten high powered USB-Devices. Wenn Sie das iPad an den USB-Anschluss eines Computers oder Notebooks anschließen, kann es unter Umständen vorkommen, dass es nicht aufgeladen wird. Dies ist gerade bei älteren Rechnern der Fall. Achten Sie deshalb beim Anschließen auf den Bildschirm des iPads. Sollte der Saft nicht ausreichen, wird dies auf dem Screen mitgeteilt. Im Zweifelsfall schaffen aktive USB-Hubs Abhilfe.

Mit externen Geräten per Bluetooth verbinden

Das iPad unterstützt folgende Bluetooth-Protokolle: **A**dvanced Audio **D**istribution **P**rofile (A2DP), **A**udio/**V**ideo **R**emote **C**ontrol **P**rofile (AVRCP), **P**ersonal **A**rea **N**etwork Profile (PAN), **H**uman **I**nterface **D**evice Profile (HID). Es ist mit Stereo-Headsets kompatibel, und Bluetooth-Tastaturen wie etwa Apples Wireless Keyboard werden ebenfalls unterstützt. Außerdem setzen diverse Apps auf den Bluetooth-Datenaustausch.

So können zwei iPad-Besitzer zum Beispiel gemeinsam Multiplayer-Games genießen oder Daten austauschen. Internet-Tethering wird vom iPad-Betriebssystem jedoch geflissentlich ignoriert. Tethering erlaubt es zum Beispiel Netbooks, via Bluetooth auf Mobiltelefone zuzugreifen und diese als Modem zu benutzen. Apple hat dies wahrscheinlich gesperrt, um die Verkäufe des iPads Wi-Fi + 3G nicht zu gefährden.

WLAN für superschnelles Internet

Beim iPad Wi-Fi ist die WLAN-Funktion die einzige Onlineschnittstelle. Das Gerät funkt im modernen N-Standard und unterstützt sehr hohe Übertragungsraten.

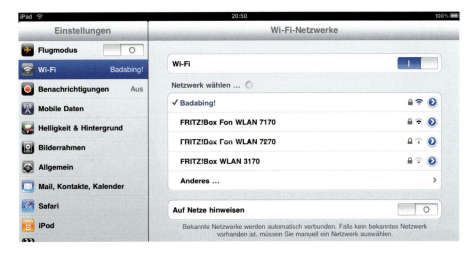

Kopfhörer- & Mikrofonanschluss in Topqualität

Beim iPad dient ein einzelner 3,5-mm-Anschluss als Ein- und Ausgang. Sie können also einen handelsüblichen Kopfhörer anschließen oder ein Stereo-Headset. Über spezielle Adapter lassen sich auch mehrere Kopfhörer gleichzeitig anschließen.

Oberseite

Die Micro-SIM-Karte einfach einlegen

Das iPad Wi-Fi + 3G bietet eine weitere Schnittstelle. Um diesen SIM-Slot zu öffnen, müssen Sie das mitgelieferte Miniwerkzeug in die kleine Öffnung neben dem SIM-Kartensteckplatz schieben. Geht das Tool mal verloren, tut es auch eine aufgebogene Büroklammer.

1.9 Wirklich sinnvolles Zubehör

Auch für Apples iPad gibt es Zubehör wie Sand am Meer. Um in diesem Wust den Überblick zu behalten, sollten Sie wirklich nur auf sinnvolle Anschaffungen achten.

Taschen, Cases und Schutzfolien

Wenn Sie das iPad in einer normalen Tasche transportieren, gibt es ein Problem: Das iPad ist schmal, klein und eiert demzufolge gern in der Tasche herum. Wenn sich auch noch Schlüssel, Netzteile oder Kugelschreiber in der Tasche befinden, sind Kratzer unausweichlich. Hier gibt es unterschiedliche Lösungen: zum Beispiel geräumige Taschen mit speziellem iPad-Fach. Dann wären da natürlich noch die unzähligen Sleeves und Cases wie Belkins Grip-Hülle auf dem Bild rechts.

Wenn Sie so etwas kaufen, achten Sie unbedingt darauf, dass es ein für das iPad maßgeschneidertes Produkt ist. Meiden Sie Produkte, die mit folgendem Satz beworben werden: „Auch mit Apple iPad kompatibel!" Bedeutet nämlich, dass ein Produkt für vielerlei Geräte gefertigt wurde und irgendwie für alle passen muss. Bisher kam uns übrigens kein iPad-Case unter, das es in Sachen Funktionalität mit Apples Original aufnehmen konnte.

Schutzfolien können ebenfalls mehrere Funktionen erfüllen. Sie minimieren Fettflecken, das Risiko von Kratzern und nervige Reflexionen bei Sonneneinstrahlung. Manche Folien verkleinern auch den „Sichtwinkel". Das schützt vor allzu neugierigen Blicken in öffentlichen Verkehrsmitteln. Folienhersteller setzen auf unterschiedliche Techniken: Statikhaftung oder Klebehaftung und beide haben Vor- und Nachteile. Es ist wichtig, dass sich eine Folie leicht wieder abziehen

und erneut anbringen lässt, falls es beim ersten Versuch nicht klappt. Achten Sie also auf einen entsprechenden Vermerk auf der Verpackung.

> **Schutzfolien richtig anbringen**
>
> Wahrscheinlich haben Sie noch nie so eine große Schutzfolie auf einen Screen geklebt. Umso wichtiger ist es, dass vor dem Auftragen der Folie bestimmte Regeln beachtet werden. 1. Utensilien bereithalten: Lag der Folie ein Werkzeug zum Glätten bei? Gut! Falls nicht, dann halten Sie ein Lineal oder eine Spachtel aus Kunststoff bereit. 2. Penible Reinigung: Polieren Sie jeden Millimeter der iPad-Front sorgfältig – auch wenn keine Verunreinigung zu erkennen ist. 3. Achten Sie beim Aufbringen der Folie auf die Aussparung für den Home-Button. Wenn diese nicht hundertprozentig mit dem Button übereinstimmt, wird unter Umständen dessen Funktion beeinträchtigt. 4. Luftbläschen: Wahrscheinlich sehen Sie nach dem Aufkleben einige Luftbläschen unter der Folie. Mit einem Glätten-Werkzeug aus Plastik (Lineal, Spachtel, Geodreieck) lassen sich diese entfernen. Befördern Sie mit sanftem Druck sämtliche Bläschen in Richtung Displayrand. 5. Check: Klebt die Folie auch wirklich sauber auf allen Ecken? Ist der Home-Button sauber umfasst? Dann haben Sie es geschafft!
>
> Wollen Sie sich viel Ärger sparen? Dann empfehlen wir Ihnen den prämierten Premium-Displayschutz von DATA BECKER. Für 12,99 Euro erhalten Sie nicht nur eine hervorragende Schutzfolie, sondern auch Reinigungstuch und Plastikspachtel zum Aufbringen. Die Qualität ist so gut, dass DATA BECKER seinen Kunden garantiert, dass sich die Folie zu 100 % blasenfrei aufkleben lässt. Kurz: Bei Nichtgefallen wird das Produkt anstandslos ersetzt. Weitere Infos unter *http://www.databecker.de/shop*.

Mäuse, Tastaturen, Stylus

Es ist erstaunlich, wie viele Menschen nach einer portablen Bluetooth-Maus für das iPad fragen. Noch erstaunlicher ist allerdings die Tatsache, dass Apples iPad bisher mit keiner Maus kommunizieren will. Mausunterstützung ist nämlich nicht vorgesehen, aber findige Hersteller werden hier sicherlich bald Abhilfe schaffen.

Kommen wir jetzt zu den Keyboards. Von allen getesteten Bluetooth-Keyboards war nur Apples klassisches Wireless-Keyboard-Modell mit dem iPad kompatibel. Auch wenn wir das Mac-Keyboard lieben, raten wir iPad-Usern eher zum Zubehör iPad Keyboard Dock. Es vereint Ladestation und Tastatur, bietet zudem spezielle Funktionstasten. Über diese lassen sich zum Beispiel der Homescreen oder die Suchmaske aufrufen, die Medienwiedergabe sowie die Helligkeit steuern. Überdies bietet das iPad Keyboard Dock einen Audio-/Videoanschluss für Bildschirme oder Lautsprecher.

Als letztes Eingabetool empfehlen wir einen Stylus, wobei diese speziellen Eingabestifte nur für Kreative ein Muss sind. Nicht nur Grafik-Apps wie Autodesks Sketchbook Pro profitieren von der Stifteingabe enorm. Das iPad verwandelt sich damit in ein anspruchsvolles Grafiktablett und ermöglicht professionelle Ergebnisse.

Docking-Stationen und Haltevorrichtungen

Das iPad lässt sich auch ohne Docking-Station aufladen oder mit dem Rechner koppeln. Dennoch gibt es Gründe, die für den Kauf eines solchen Zubehörs sprechen. Das iPad lässt sich schließlich als digitaler Bilderrahmen nutzen und dafür eignet sich der Docking-Betrieb  von Natur aus. Fast jede Docking-Station verfügt zudem über Audio-/Videoausgänge. Ideal, um das iPad an Beamer, Fernseher oder Stereoanlagen anzuschließen. Zubehör von Drittherstellern bietet häufig erweiterte Features. Manche Modelle verfügen zum Beispiel über integrierte Lautsprecher oder Wecker.

Im Gegensatz zur Docking-Station erfüllt eine Halterung nur den einen Zweck, nämlich das iPad zu fixieren. Wenn die Halterung nicht vertrauenerweckend

aussieht, dann sollten Sie gar nicht erst zugreifen. Meiden Sie billige Lösungen mit dünnen Plastikkomponenten und wackligen Klemm-Mechanismen. Wer 500 Euro oder mehr für so ein schickes Spielzeug ausgibt, sollte nicht beim Zubehör sparen.

Kabel, Adapter und Co.

Dem iPad liegt ab Werk lediglich ein USB-/Stromkabel bei. Allerdings lässt sich der Funktionsumfang um einiges erweitern, wenn Sie in entsprechendes Zubehör investieren. Das iPad Camera Connection Kit (siehe Bild rechts) ermöglicht nicht nur die direkte Verbindung mit einer Digitalkamera, sondern auch den Datenaustausch zwischen iPad und SD-Karte. Via VGA-Adapter können Sie das iPad zudem mit einem Monitor oder Projektor verbinden. Es lohnt sich hier, auch Angebote von Drittherstellern zu prüfen, da diese häufig weitaus günstiger sind.

Vielseitiger als gedacht: das iPad Camera Connection Kit

Mit dem Camera Connection Kit lassen sich wesentlich mehr USB-Geräte anschließen, als Apple verrät: Der USB-Anschluss des Kits erlaubt nicht nur die Verbindung zu digitalen Kameras, sondern auch den Anschluss von Tastaturen, USB-Headsets, Festplatten und Speichersticks. Damit das iPad Ihre Videos und Bilder von USB-Sticks und Festplatten akzeptiert, müssen diese allerdings in einem Ordner namens *DCIM* abgelegt sein.

> **Vorsicht beim Kauf „getarnter" Zubehörsets!**
>
> Viele Verkäufer versuchen, ahnungslosen iPad-Besitzern günstigere iPod touch- und iPhone-Zubehörsets anzudrehen. Zwar sind die Anschlüsse bei diesen Gerätegattungen quasi identisch und die Kabel somit kompatibel, aber die beiliegenden 5W-Netzteile sind für das iPad zu schwach. Kurz: Das Laden nimmt viel mehr Zeit in Anspruch.

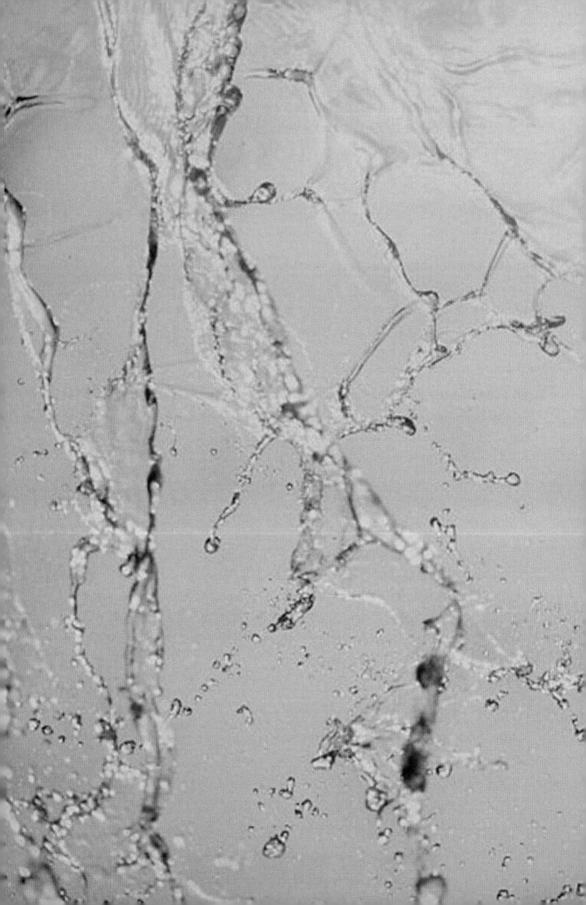

2. Das iPad schnell einrichten

2.1	Wichtige Einstellungen
2.2	Mit iTunes richtig synchronisieren
2.3	Spotlight: die integrierte Suchmaschine

2.1 Wichtige Einstellungen

Die grundlegenden Einstellungen sind zwar relativ einfach vorzunehmen, allerdings verstecken sich auch hier diverse Stolperfallen. Die folgenden Tipps helfen Ihnen, genau diese Probleme zu umschiffen.

Mail, Kontakte & Kalender optimieren

Unter *Accounts* werden alle bestehenden E-Mail-Konten angezeigt. Außerdem können Sie über *Account hinzufügen* weitere Konten anlegen. Für folgende Mail-Services liegen bereits die grundlegenden Infos zur Account-Aktivierung vor: Microsoft Exchange, MobileMe, Google Mail, Yahoo! Mail  und AOL. Kunden dieser Anbieter benötigen also nur die Mailadresse und das persönliche Kennwort für die Einrichtung auf dem iPad.

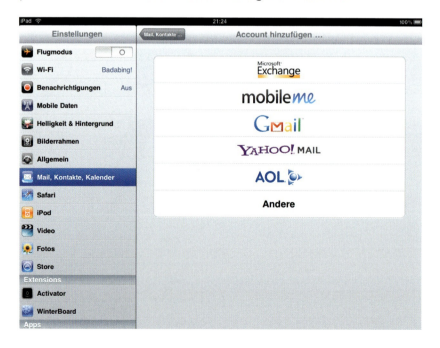

So legen Sie einen Mail-Account an

Legen Sie sich zuerst die Zugangsdaten Ihres Mailanbieters zurecht. Sollte Ihr E-Mail-Anbieter nicht zu den oben genannten gehören, brauchen Sie neben Mailadresse und Passwort auch die Server-Infos. Wählen Sie *Mail-Account hinzufügen*. Sie müssen nun Ihren Namen, die E-Mail-Adresse, das Kennwort und eine Beschreibung angeben. Netterweise zeigt das iPad in jedem der Felder einen Mustertext an. So wissen Sie immer, welche Art Information einzugeben ist.

Fortgeschrittene Optionen wie *Identifizierung*, *Server Port* oder *IMAP-Pfad-Präfix* sollten Sie ignorieren. Diese Punkte werden in der Regel erst dann interessant, wenn ein Problem beim Einrichten des Kontos auftaucht. In den meisten Problemfällen handelt es sich um Firmen-E-Mail-Server, die besonders konfiguriert wurden. Hier schafft ein kurzer Anruf beim Admin Abhilfe.

Im Menü *Mail, Kontakte, Kalender* lässt sich auch für jedes Konto die Art des Datenabgleichs festlegen. Wählen Sie dafür *Datenabgleich*. Wenn Sie nun *Push* aktivieren, werden Aktualisierungen (z. B. Kalendereinträge, Facebook-Benachrichtigungen oder neue Mails) umgehend vom Server auf Ihr iPad weitergeleitet. Sie erhalten quasi alles in Echtzeit. Dies geht jedoch auf Kosten der Akkulaufzeit, weil das Gerät ständig eine Verbindung hält.

Glücklicherweise können Sie den Datenabgleich auch ohne aktiven Push-Dienst automatisieren. Einfach unter *Laden* das gewünschte Intervall wählen. Wir erachten die Einstellung *30 Minuten* als völlig ausreichend.

Hinter *Erweitert* lassen sich die Einstellungen verfeinern und für jedes Konto individuell anpassen. Wählen Sie hier *Manuell*, damit die Informationen für dieses Konto nur aktualisiert werden, wenn Sie die Mail- oder Kalender-App aufrufen.

„Finde mein iPad" nur mit aktivem Push-Service möglich!

Nutzer von Apples kostenpflichtigem Service MobileMe können ihr iPhone oder iPad über jeden Internetbrowser lokalisieren. Sehr hilfreich, wenn Sie nicht mehr wissen, wo Sie das Gerät zuletzt benutzt haben, aber auch bei Diebstahl. Damit das Ganze funktioniert, muss jedoch *Push* aktiviert sein.

Wi-Fi-Netzwerk einrichten

Noch nie war es so einfach, sich in ein bestehendes WLAN-Netzwerk einzuloggen. Klicken Sie unter *Einstellungen* auf *Wi-Fi*. Sollte der Wi-Fi-Schalter im Menü auf *Aus* stehen, aktivieren Sie die Funktion.

Warten Sie jetzt einen kleinen Moment, bis das iPad bestehende Netzwerke anzeigt. Wählen Sie nun das gewünschte Netzwerk aus und geben Sie das Kennwort ein, sobald Sie dazu aufgefordert werden. Das war es auch schon. Viel Spaß im Netz!

> **Offene Wi-Fi-Netze finden**
>
> Mittlerweile gibt es in Ballungszentren kaum noch Ecken ohne WLAN-Abdeckung. Machen Sie den Test und laufen Sie einfach mal mit dem iPad durch irgendeine Straße. Sie werden sehen, dass im Wi-Fi-Menü ständig neue Netzwerke auftauchen. Achten Sie auf ein kleines Vorhängeschloss-Symbol, das immer direkt links vom Empfangsstärke-Symbol zu finden ist. Wenn ein Netzwerk ohne „Vorhängeschloss" auftaucht, handelt es sich um ein ungeschütztes Netzwerk.

Safari mit wenigen Klicks konfigurieren

Es gibt einige sehr wichtige Optionen, die Sie vor der ersten Safari-Nutzung in Augenschein nehmen sollten. Unter *Einstellungen* wählen Sie *Safari*.

Unter *Suchmaschine* können Sie auswählen, ob Ihre Suchanfragen über Yahoo oder Google abgewickelt werden. Darunter findet sich die Funktion *Automa-*

tisch ausfüllen. Ein praktisches Feature, das die Eingabe bei Onlineformularen oder das Einloggen auf Webseiten beschleunigt.

Webformulare automatisch ausfüllen

Zwei Optionen, die unbedingt auf *An* stehen sollten: *Betrugswarnung* und *Pop-Ups unterdrücken*. So werden Sie immer von Safari gewarnt, wenn eine besuchte Seite als „gefährlich" eingestuft wurde. Das passiert in der Regel auf Seiten, die in Sachen Viren, Malware oder Trojaner als besonders unsicher gelten.

Ein iPad für mehrere Nutzer

Wenn Ihr iPad von unterschiedlichen Personen genutzt wird, sollten Sie die Option *Automatisch ausfüllen* auf *Aus* stellen. Sonst kann ein anderer Nutzer unter Umständen bei eBay, Amazon, Google Mail etc. unter Ihrem Namen agieren und erheblichen Schaden verursachen.

Helligkeit & Hintergrund ändern für besseren Durchblick

Das iPad erlaubt Ihnen nicht nur die eigene Bildauswahl für den „Sperrbildschirm", sondern auch für den „Home-Bildschirm". Was die Begriffe bedeuten? Ganz einfach: Den Sperrbildschirm bekommen Sie immer dann zu Gesicht, wenn das iPad für Eingaben gesperrt ist. Sobald Sie den Slider aber nach rechts bewegen, gelangen Sie zum Home-Bildschirm. Dort sind unter anderem die Icons

der installierten Apps abgebildet. Sie können beiden Screens ein eigenes Motiv zuweisen. Einfach im Menü *Helligkeit & Hintergrund* eines der beiden Bilder berühren und dann ein Motiv auswählen. Nun werden Sie vom iPad gefragt, auf welchem Screen das Bild auftauchen soll.

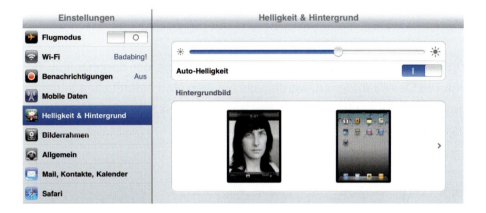

Helligkeit einstellen ist wichtiger, als man denkt

Den Helligkeitsregler auf Anschlag zu stellen, empfehlen wir nur bei starker Sonneneinstrahlung. Erstens wird die Akkulaufzeit dabei deutlich reduziert und zweitens ermüden die Augen bei einem zu hellen Bildschirm viel schneller. Schalten Sie deshalb die *Auto-Helligkeit* auf *An*. So passt sich das iPad-Display automatisch den herrschenden Lichtbedingungen an. Das schont die Augen und den Akku.

Der Bilderrahmen: der perfekte Blickfang

Die Bilderrahmen-Option hält einige nette Funktionen bereit. Sie verwandelt das iPad in einen digitalen Bilderrahmen, der auf dem iPad gespeicherte Fotos in einer Art Diashow anzeigt. Wählen Sie *Überblenden*, um den Wechsel zwischen den einzelnen Bildern mit einem sanften Überblendeffekt zu versehen. *Origami* stellt mehrere Bilder gleichzeitig dar, ordnet diese ihrem Format entsprechend an und begleitet den Wechsel der Bilder mit pfiffigen Faltanimationen. Um den Fokus auf abgebildete Personen zu richten, stellen Sie *Gesichter heranzoomen* auf *An*.

Die Option *Zufällig* sorgt für eine zufällige Reihenfolge der dargestellten Bilder. Klicken Sie *Alle Bilder* an, werden alle auf dem iPad befindlichen Bilder im Bilderrahmenmodus genutzt. Mit *Alben* und *Ereignisse* können Sie aber auch festlegen, welche Bilder zum Einsatz kommen sollen.

Wichtiger, als es klingt: der Menüpunkt „Allgemein"

Damit das Einstellungsmenü nicht überquillt, hat Apple eine Menge Features unter dem Menüpunkt *Allgemein* zusammengelegt. Darunter finden sich auch wichtige Funktionen, die eigentlich ein eigenes Menü verdient hätten. An dieser Stelle möchten wir Ihnen die wichtigsten Punkte erklären.

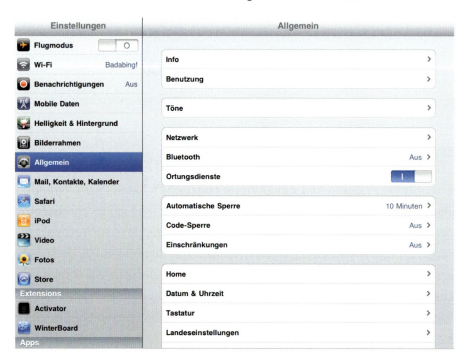

Alle Infos auf einen Blick

Der Menüpunkt *Info* enthüllt wichtige Informationen. Er zeigt unter anderem, wie viele Fotos, Videos, Musikstücke und Programme auf Ihrem iPad vorhanden sind. Auch wie viel Speicher bereits belegt und welche Firmwareversion installiert ist, lässt sich hier ablesen. Außerdem die Seriennummer, MAC-Adressen, IMEI-Code etc. Komischerweise finden Sie Verbrauchsinfos zu mobilen Netzwerkdaten nicht in diesem Menü, sondern unter *Benutzung*.

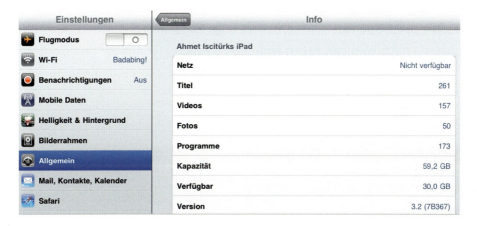

Mit „Benutzung" mehr Informationen herausholen

Unter *Benutzung* können Sie ablesen, wie viel MByte Sie über die mobile Datenverbindung (3G) des iPads empfangen und gesendet haben. Klicken Sie auf *Statistiken zurücksetzen*,

um die Werte wieder auf null zu stellen. Der oberste Punkt *Batterieladung in %* erklärt sich von selbst und sollte auf jeden Fall aktiviert sein, da das grafische Symbol allein keine detaillierte Auskunft über den Akkustatus vermitteln kann.

Töne schnell konfigurieren

Das iPad teilt Ihnen akustisch mit, wenn E-Mails empfangen oder gesendet werden und wenn Kalenderhinweise aufpoppen. Außerdem werden Tasteneingaben mit Klickgeräuschen quittiert und selbst

das Betätigen der Sperrtaste ist hörbar. Anfangs findet man das sicherlich schön, aber bereits nach wenigen Tagen kann das Gepiepe, Geklimper und Geklicke richtig nerven. Umso schöner ist, dass Sie das Ganze in diesem Menü de- und reaktivieren können.

Netzwerkeinstellungen einfach gemacht

Obwohl unter *Einstellungen* ein eigener Menüpunkt für *Wi-Fi* existiert, wurde die WLAN-Konfiguration zusätzlich in die Option *Netzwerk* gepackt. Außerdem finden Sie hier die

VPN-Funktion. VPN steht für **V**irtual **P**rivate **N**etwork und erlaubt zum Beispiel den direkten Zugriff auf ein Firmenintranet. Sie können auf diese Weise von überall auf der Welt aufs interne Netzwerk zugreifen, sofern dieses darauf ausgelegt ist. Apple selbst liefert auf seiner Webseite eine ausführliche Anleitung, die erklärt, wie iPhone, iPod touch oder iPad in Firmennetzwerke integriert werden können: *http://manuals.info.apple.com/de_DE/Einsatz_in_Unternehmen.pdf*.

Bluetooth sicher einrichten

Bluetooth erlaubt den kabellosen Austausch von Daten. Kopfhörer, Headsets und Tas-

taturen mit Bluetooth-Funktion müssen erst mit dem iPad „gepairt" werden, bevor Sie diese gemeinsam benutzen können.

Wählen Sie *Bluetooth* im Menü *Allgemein* und setzen Sie den Schalter auf *An*. Stellen Sie sicher, dass sich Ihr Bluetooth-Gerät. das mit dem iPad ver-  bunden werden soll, im „sichtbaren" Modus befindet. Wie das geht, entnehmen Sie der Bedienungsanleitung des Gerätes. Sobald der Name des Bluetooth-Gerätes im Menü des iPads auftaucht, klicken Sie ihn an, um beide miteinander zu koppeln. Fortan werden sich beide Geräte automatisch miteinander verbinden, wenn Bluetooth aktiviert und sichtbar ist. Bei Tastaturen kann es vorkommen, dass vor dem Koppeln ein Zahlencode auf dem Display des iPads angezeigt wird. Diesen müssen Sie in die Tastatur eingeben, um die Geräte zu koppeln.

Ortungsdienste für die perfekten Suchergebnisse

Über *Ortungsdienste* erlauben Sie dem iPad, Ihren Standort zu ermitteln. Das geschieht durch eine Kombination aus  Mobilfunk-, Wi-Fi- und GPS-Informationen. Google-Maps, Navigationssoftware und jede Menge weiterer Apps nutzen diese Informationen. Lassen Sie den Schalter deshalb immer auf *An*.

Die Sperrfunktionen des iPads festlegen

Unter *Allgemein* befinden sich auch die Sperrungs- und Einschränkungsoptionen. Die automatische Sperre aktiviert den Sperrbildschirm, nachdem für eine bestimmte Zeit keine

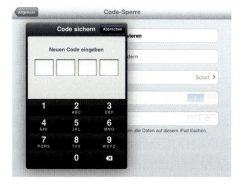

Eingabe stattfand. Um die Sperrung aufzuheben, bewegen Sie den Slider nach rechts. Die Option *Code-Sperre* erlaubt das Einrichten eines Zahlencodes, der das iPad vor unbefugtem Zugriff schützt. Für noch mehr Schutz sorgt die Funktion *Daten löschen*. Wenn Sie diese aktivieren, werden alle Daten auf dem iPad nach zehn missglückten Anmeldeversuchen automatisch gelöscht.

Das Menü *Einschränkungen* ist für Eltern interessant, da sich hier einzelne Programme, Funktionen und Inhalte sperren lassen. So können Sie jüngere Familienmitglieder ruhig mal unbeaufsichtigt mit dem iPad allein lassen. Firmen, die ihre Mitarbeiter mit iPads ausrüsten, profitieren ebenfalls von den zahlreichen Sperrfunktionen. Kurz: Es kann nur angezeigt und genutzt werden, was in diesem Menü von Ihnen freigegeben wird.

Tastatur und Auto-Korrektur: besser tippen

Ist die Auto-Korrektur aktiviert, wird das iPad Ihre Texteingaben automatisch korrigieren. Dabei lernt die Korrekturfunktion sogar mit und erweitert den Wortschatz des iPads den Eingaben des Users entsprechend. Gerade Namen, Marken oder Anglizismen mag das integrierte Wörterbuch erst mal nicht so gern unkorrigiert stehen lassen. Das kann an den Nerven des iPad-Einsteigers zehren, weil man zu Beginn viele Textvorschläge der Software manuell ablehnen muss. Darum finden sich im Internet auch Tausende Mecker-Einträge zu dem Thema. Das ist jedoch ein kurzfristiges Problem,

das Sie unbedingt in Kauf nehmen sollten. Auf lange Sicht ist die Auto-Korrektur nämlich ein mehr als hilfreiches Werkzeug, das selbst grobe Fehler erkennt und ausmerzt. Bei der Option *Auto-Großschreibung* sieht es genauso aus. Anfangs unheimlich störend, aber mit der Zeit sehr hilfreich.

> **Auto-Korrektur: bei besonders hartnäckigen Fällen**
>
> Wird ein bestimmtes Wort ständig vom iPad falsch korrigiert, wenden Sie folgenden Trick an: Gehen Sie ins Adressbuch und erstellen Sie einen neuen Kontakt. Jetzt können Sie unter *Vorname* und *Nachname* alle Wörter eintragen, die nie vom iPad korrigiert werden sollen. Das iPad wird die Wörter fortan für Namen/Personen in Ihrem Adressbuch halten und unkorrigiert lassen. Aktivieren Sie auch *Auto-Text vorlesen* im Menü *Bedienungshilfen*, um akustisch darauf hingewiesen zu werden, wenn das iPad Texteingaben korrigieren möchte.

Der Punkt *Feststelltaste* (Caps-Lock) wird häufig übersehen. Normalerweise funktioniert die Großschreibung auf dem iPad wie folgt: Sie drücken die [Shift]-Taste und der nächste Buchstabe wird großgeschrieben. Ist jedoch die Funktion *Feststelltaste* aktiviert, wird nach dem Drücken der [Shift]-Taste alles großgeschrieben, bis Sie die Taste erneut betätigen. Superpraktisch ist der „."-Kurzbefehl. Ist er aktiv, müssen Sie beim Schreiben nur zweimal kurz hintereinander auf die [Leertaste] tippen, um einen Punkt mit nachfolgendem Leerzeichen zu setzen.

Internationale Tastaturen

Ebenfalls im Menü *Tastatur* findet sich der Punkt *Internationale Tastaturen*. Hier können Sie einstellen, welche länderspezifischen Tastaturen das iPad beim Schreiben für Sie bereithalten soll. Für mehrsprachige User ist das Feature unverzichtbar, weil je nach Landessprache die Buchstaben, Umlaute oder Sonderzeichen anders platziert sind.

Das QWERTZ- und QWERTY-Problem

Wer auch mal im US-App-Store einkauft und sich rein englischsprachige Programme aufs iPad lädt, kann in seltenen Fällen auf folgendes Problem stoßen: Will man den Buchstaben Y tippen, erscheint stattdessen ein Z und umgekehrt. Das liegt daran, dass US-Tastaturen nach dem QWERTY-Schema aufgebaut sind und deutsche Tastaturen nach dem QWERTZ-Schema. Hier hilft es, im Tastatur-Menü auf *Neue Tastatur hinzufügen* zu klicken und *Englisch* hinzuzufügen. Fortan müssen Sie auf der virtuellen Tastatur des iPads nur den Globus anklicken, um zwischen den Tastatur-Layouts zu wechseln.

Mit Bedienungshilfen alles lesen und verstehen können

Auch das Menü für Bedienungshilfen ist unter *Allgemein* versteckt. Die Bedienungshilfen erlauben es auch Menschen mit Hörschwäche oder vermindertem Sehvermögen, mit dem iPad zu arbeiten. Auf Wunsch liest das iPad Texte, Menüoptionen und Buttons vor, invertiert die Farben oder zoomt das Bildschirmgeschehen heran.

Home-Dreifachklick

User ohne Handicap ignorieren dieses Menü in der Regel, dabei bietet es auch allgemein nützliche Features. Zuerst sollten Sie *Home-Dreifachklick* aktivieren. Wenn Sie die Home-Taste dreimal kurz hintereinander betätigen, wird fortan ein Menü aufgerufen, in dem Sie Bedienungshilfen schnell aktivieren und deaktivieren können. Nutzen Sie zum Beispiel *VoiceOver*, um Texte vorlesen zu lassen. *Zoomen* ist immer wieder nützlich, wenn auf einer schlecht angepassten Webseite zum Beispiel der Text zu klein erscheint. Aktivieren Sie auch *Auto-Text vorlesen*, um akustisch darauf hingewiesen zu werden, wenn das iPad Texteingaben korrigieren möchte.

Datenbanken, Einstellungen & Weiteres zurücksetzen

Komischerweise wird dieses Menü von den meisten Usern erst dann angeklickt, wenn es darum geht, das Gerät wieder in den Werkszustand zu versetzen. Dabei kann es vielerlei Probleme lösen, die man mit diesem Menü gar nicht in
Verbindung bringt. Hier können Sie nicht nur mit einem Klick alle Einstellungen und Inhalte löschen. Es lassen sich zum Beispiel gezielt alle Netzwerkeinstellungen entfernen. Dies entpuppt sich bei unerklärbaren Verbindungsproblemen nicht selten als rettende Maßnahme, die dem User das komplette Zurücksetzen des Gerätes erspart.

> **Tastaturwörterbuch zurücksetzen?**
>
> Die Option *Tastaturwörterbuch* würden wir nur dann in Anspruch nehmen, wenn das iPad den Besitzer wechseln soll. Damit wird nämlich der komplette, mühsam erlernte Sprachschatz der Auto-Korrektur gelöscht!.

2.2 Mit iTunes richtig synchronisieren

Apples Philosophie der schlichten Eleganz wird von iTunes komplett ignoriert. Die Software ist vollgestopft mit Optionen, tollen Features und kleinen Stolpersteinen. An dieser Stelle wollen wir uns den wichtigsten und am häufigsten übersehenen Punkten widmen.

Beginnen wir mit einer traurigen Tatsache, die Einsteiger auch heute noch überrascht: Sie können die Mediathek des iPads nur mit einem einzigen Rechner synchronisieren. Das bedeutet, dass Sie iPad-Inhalte wie Musik, Videos und

Apps nur mit einem einzigen Computer via iTunes synchronisieren können. Lediglich bei iTunes gekaufte Inhalte lassen sich vom iPad auf maximal fünf unterschiedliche Rechner übertragen. Programme wie SharePod oder iRip umgehen einen Teil der Probleme, indem sie zumindest Musik, Filme und Playlisten mit nicht autorisierten Rechnern synchronisieren.

Auto-Sync deaktivieren

Egal, was Sie auch mit iTunes anstellen mögen: Zuallererst sollten Sie die automatische Synchronisierung von iTunes deaktivieren. Ansonsten startet iTunes jedes Mal einen kompletten Synchronisierungsdurchgang, wenn Sie das iPad an den Computer anschließen. Gehen Sie dazu in die iTunes-Optionen und setzen Sie unter *Geräte* ein Häkchen bei *Automatische Synchronisierung von iPods, iPhones und iPads verhindern*.

Kontakte immer auf dem neusten Stand halten

Klicken Sie in der linken iTunes-Spalte unter *Geräte* auf das Symbol Ihres iPads. Nun sehen Sie das iPad-Fenster, das am oberen Rand diverse Register bereithält. Klicken Sie auf das Register *Info*, um Kontakte zu synchronisieren.

Hier lassen sich die Adressbücher auswählen, die iTunes mit dem iPad synchronisieren soll. Sie haben die Wahl zwischen *Alle Kontakte* und *Ausgewählte Grup-*

pen. Ideal, wenn Sie im Adressbuch etwa zwischen privaten und geschäftlichen Kontakten trennen und nur private Kontakte importieren möchten.

Mac OS

Mac-User können das iPad mit dem Mac-Adressbuch, dem Yahoo-Adressbuch und den Google-Kontakten abgleichen. Setzen Sie dafür einfach nur ein Häkchen bei der entsprechenden Option. Beim ersten Adressbuch-Sync müssen Sie allerdings noch Ihre Zugangsdaten für den jeweiligen Account eintragen.

Windows

Auch Windows-Benutzer können Kontakte via Yahoo- und Google-Adressbuch synchronisieren. Je nach Windows-Version stehen außerdem das Windows-Adressbuch, die Windows-Vista-Kontakte und/oder Microsoft Outlook zur Verfügung. Auch am Windows-PC gilt: Beim ersten Adressbuch-Sync müssen Sie gegebenenfalls Ihre Zugangsdaten für den jeweiligen Account eintragen.

Alle Termine aktualisieren

Klicken Sie auf das Register *Info*, um Ihren Kalender zu synchronisieren. Die entsprechende Option finden Sie direkt unter *Adressbuchkontakte synchronisieren*. iTunes unterscheidet übrigens auf Wunsch zwischen unterschiedlichen Kalendern. Sie können also private Termine und geschäftliche Termine getrennt synchronisieren.

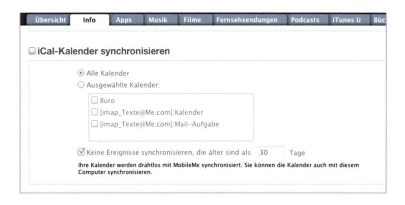

Mac OS

Mac-User setzen ein Häkchen bei *iCal-Kalender synchronisieren*. Sollten Sie nur bestimmte Kalender und Aufgaben abgleichen wollen, setzen Sie auch dort die jeweiligen Häkchen. Entfernen sollten Sie es bei dem Punkt *Keine Ereignisse synchronisieren, die älter sind als XX Tage*. Warum? Weil es ja mal sein könnte, dass Sie sich bei einem Gespräch auf das letzte Meeting berufen möchten und das genaue Datum nicht mehr im Kopf haben.

Windows

Viele Windows-User beklagen beim Kalender-Sync, dass iTunes nur mit Outlook- oder Outlook-Express-Kalendern kommunizieren möchte. Das ist zwar ärgerlich, aber Google- und Yahoo-Termine kriegen Sie dennoch problemlos aufs Gerät. Zum einen passiert das über das iPad automatisch, wenn Sie die Option im Google- oder Yahoo-Konto Ihres iPads aktivieren. (Vorausgesetzt, Sie haben unter *Mails, Kontakte, Kalender* bereits ein entsprechendes Konto eingerichtet.) Google-User können alternativ dazu die Software Google Calendar Sync herunterladen und auf dem PC installieren. Damit lassen sich Google- und Outlook-Kalender abgleichen. Quasi ein kleiner Umweg, um die Termine in iTunes zu schleusen.

Mail-Accounts schnell synchronisieren

Bestehende E-Mail-Konten müssen Sie nicht mühsam im iPad einrichten. iTunes erkennt und übernimmt E-Mail-Konten aus folgenden Programmen: Mail (Mac),

Outlook und Outlook Express (PC). Das schließt in der Regel alle E-Mail-Konten ein, die im jeweiligen Mailprogramm Ihres Computers eingerichtet wurden. Sollte ein E-Mail-Account darunter sein, den Sie nicht synchronisieren möchten, entfernen Sie einfach das jeweilige Häkchen bei *Ausgewählte Mail-Accounts*.

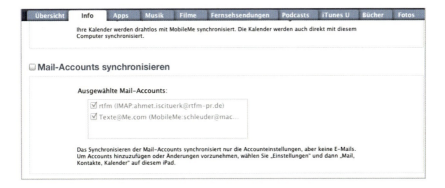

Alle Lesezeichen/Favoriten synchronisieren

Lesezeichen/Favoriten lassen sich ebenfalls mit iTunes synchronisieren, allerdings nur via Safari oder Internet Explorer. Was tun, wenn Sie aber am PC mit Firefox oder einem anderen Browser surfen?

Mac OS

Gehen Sie zum Lesezeichen-Menü von Firefox und wählen Sie *HTML exportieren*. Speichern Sie die Datei in einem Ordner und merken Sie sich dessen Namen. Starten Sie nun Safari und wählen Sie unter *Ablage* die Funktion *Lesezeichen importieren*. Nun wählen Sie die von Firefox exportierte Datei aus. Jetzt werden alle Firefox-Lesezeichen in Safari übertragen und können somit via iTunes synchronisiert werden.

> **Windows**
>
> Auch hier gehen Sie zum Lesezeichen-Menü von Firefox und wählen *HTML exportieren*. Speichern Sie die Datei in einem Ordner, starten Sie den Internet Explorer und wählen Sie unter *Favoriten* die Funktion *Zu Favoriten hinzufügen*. Wählen Sie *Importieren und Exportieren* und im folgenden Dialogfeld *Aus Datei importieren*. Jetzt können Sie die von Firefox exportierte Datei auswählen, um alle Firefox-Lesezeichen in den Internet Explorer zu übertragen. Jetzt können diese via iTunes synchronisiert werden.

Notizen synchronisieren

Notizen lassen sich auch synchronisieren, indem Sie unter *Info* das Häkchen bei *Notizen synchronisieren* setzen. Fortan werden mit Mail (Mac) oder Outlook (Windows) erstellte Notizen übertragen. Allerdings benötigen Mac-User mindestens Mac OS X 10.5.7, um diese Funktion nutzen zu können.

Erweiterte Optionen schnell nutzen

Ebenfalls unter dem Register *Info* zu erreichen ist die Option *Erweitert*. Sie hilft dabei, ganz bestimmte Informationen auf dem iPad zu ersetzen.

Sollte beim iPad also ein Problem auftauchen mit Kontakten, Kalendern, Mail-Accounts oder Notizen, können Sie durch Setzen des jeweiligen Häkchens alle

entsprechenden Informationen auf dem Gerät löschen. Diese werden dann automatisch mit den Daten des verbundenen Computers überschrieben.

Apps synchronisieren

Klicken Sie in der linken iTunes-Spalte unter *Geräte* auf das Symbol Ihres iPads. Nun offenbart sich das iPad-Menü, das am oberen Rand diverse Register bereithält. Klicken Sie auf das Register *Apps*. Links sehen Sie nun eine Liste aller Apps, die sich auf dem Rechner befinden, und rechts alle auf dem iPad installierten Apps. So weit, so bekannt. Mittlerweile gibt es aber eine Menge Apps, die mit eigenen Dateifreigaben arbeiten.

> **Dateifreigabe**
>
> Wenn Sie im App-Fenster weiter nach unten scrollen, stoßen Sie auf die Option *Dateifreigabe*. Auf der linken Seite werden alle Apps aufgeführt, die eine Dateifreigabe unterstützen. Zum Beispiel Apples Textverarbeitung namens Pages oder das DJ-Programm DJ DeckX. Klicken Sie so eine App an, erscheint auf der rechten Seite der Button *Hinzufügen*. Über das folgende Dialogfenster können Sie die App jetzt mit Daten füttern. So übertragen Sie etwa Dokumente, PDFs, Audiodateien zur dafür vorgesehenen App und natürlich auch wieder zurück. Dies funktioniert nicht nur mit dem Hauptrechner, sondern mit allen Computern, auf denen iTunes installiert ist.

Musik & Videos problemlos auf das iPad bringen

Musik zu übertragen, ist genauso einfach wie das Synchronisieren von Videos. Das Ganze ist mit wenigen Klicks erledigt. Wie man Musik in Form von MP3- oder AAC-Dateien in die iTunes Bibliothek kopiert, müssen wir Ihnen auch nicht erklären. Interessant wird es aber mit dem Import von Videos. Sie können nämlich nicht einfach jedes beliebige Video importieren, sondern nur Dateien im MOV-, MPEG- oder MP4-Format. Hier schaffen wiederum Gratisprogramme wie etwa MPEG STREAMCLIP von Squared 5 Abhilfe. Damit lassen sich alle Arten von Videodateien in ein passendes Format konvertieren.

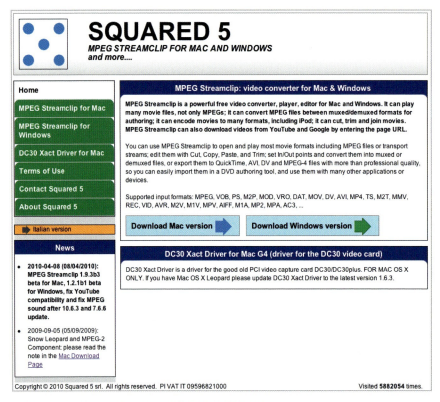

▲ Hier erhalten Sie das Programm MPEG STREAMCLIP.

 ◀ Exportieren Sie das Video als QuickTime-Datei.

So konvertieren Sie Videos richtig

Das iPad ist ein fast perfekter Multimediaplayer. Einzig die Tatsache, dass nur sehr wenige Formate unterstützt werden, schmälert das Vergnügen. Mit der Software MPEG STREAMCLIP können Sie Ihre Videos aber ohne großen Aufwand iPad-gerecht aufbereiten.

1 Auf der Webseite *http://www.squared5.com* laden Sie MPEG STREAMCLIP herunter. Nachdem Sie die Software auf Ihrem Mac oder PC installiert haben, starten Sie das Programm und wählen *Datei öffnen*.

2 Ist das gewünschte Video im Programmfenster geöffnet, wählen Sie im gleichen Menü die Option *Exportieren als QuickTime Movie*.

3 Der Export kann bei einer Dateigröße von beispielsweise 700 MByte je nach Prozessorleistung zwischen 30–120 Minuten in Anspruch nehmen. Die exportierte MOV-Datei lässt sich ganz einfach per Drag & Drop in iTunes importieren und danach auf das iPad übertragen,

Fernsehsendungen synchronisieren

Klicken Sie links in der Gerätespalte auf das iPad und danach auf das Register *Fernsehsendungen*. Merken Sie etwas? Ja, eigentlich hätte Apple diese Option nennen müssen: „ausschließlich in iTunes gekaufte Fernsehsendungen". TV-Sendungen, die Sie selbst aufgezeichnet und in iTunes importiert haben, tauchen hier nämlich ohne entsprechende Bearbeitung nicht auf. Wenn Sie eine TV-Sendung im iTunes Store kaufen und herunterladen, landet sie automatisch in diesem Fenster. Danach kann sie auch auf das iPad übertragen werden.

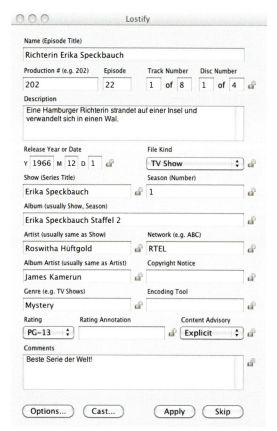

◀ TVTagger oder Lostify helfen bei der Eingabe der richtigen Informationen.

Selbst aufgezeichnete TV-Sendungen falsch abgelegt?

iTunes kann nur speziell „markierte" Videodateien kategorisieren. Wenn Sie also Videoinhalte in iTunes kaufen, erkennt das Programm, ob es sich um eine TV-Sendung handelt oder um einen Film, und legt die Dateien entsprechend ab. Wenn Sie selbst eine TV-Sendung mitschneiden und danach in die iTunes Mediathek importieren, wird diese aufgrund fehlender Infos unter den Filmen abgelegt und nicht unter Fernsehsendungen. Kurz: Sie müssen Videos mit den nötigen Informationen versehen.

Serienstaffeln in Stapelverarbeitung „taggen"

Wenn Sie komplette Serienstaffeln mitgeschnitten haben und diese ordentlich in iTunes übertragen möchten, sollten Sie jede Episode/Datei mit entsprechenden Infos (Tags) versehen. Ansonsten kann es in iTunes sehr unübersichtlich werden. Weil das manuelle Taggen eine Menge Zeit frisst, sollten Sie lieber Tagging-Software nutzen. TVTagger (Windows) und Lostify (Mac) sind komplett gratis und auf vielen Webseiten als Download erhältlich. Damit lassen sich gleich mehrere Folgen einer Serie gleichzeitig öffnen und mit Tags versehen.

Podcasts mit dem iPad synchronisieren

Als die Menschheit noch nicht mit DSL-Speed im Netz unterwegs war, existierten Podcasts nur in reinem Audiogewand. Quasi wie Radiosendungen, die man downloaden kann.

Mittlerweile finden sich aber Tausende Videopodcasts im Internet und somit auch im iTunes Store. Eine Menge davon gratis, informativ und überaus unterhaltsam. An dieser Stelle erfahren Sie, wie Podcasts heruntergeladen und/oder abonniert werden können.

▲ Podcasts zu abonnieren, ist eine tolle Alternative zum Kauf von Filmen und TV-Sendungen.

2. Das iPad schnell einrichten

▲ iTunes wird abonnierte Podcasts automatisch aktualisieren und beim Synchronisieren mit dem iPad übertragen.

Podcasts abonnieren

Öffnen Sie den iTunes Store und klicken Sie auf *Podcasts*. Nun haben Sie die Wahl zwischen Audio- und Videopodcasts. Die Vorgehensweise ist bei beiden Medienarten gleich. Wählen Sie nun einen Podcast aus. Im neuen Fenster sehen Sie nicht nur den Namen und die Beschreibung, sondern auch eine Liste bestehender Folgen. Wenn Sie auf der linken Seite auf den *Abonnieren*-Button klicken, wird iTunes in Zukunft alle neuen Folgen dieses Podcasts herunterladen. Sie können aber auch in der Episodenliste gezielt einzelne Folgen auswählen.

Podcasts synchronisieren

Wenn Sie nun in der Gerätespalte links auf das iPad klicken und das Register *Podcasts* wählen, können Sie heruntergeladene Podcasts mit dem iPad synchronisieren. Besonders praktisch: Auf Wunsch überträgt iTunes immer nur Podcasts aufs iPad, die noch nicht von Ihnen abgespielt wurden. Einfach ein Häkchen setzen bei *Automatisch einbeziehen*, dann *Alle ungespielten* und *Alle Podcasts* auswählen. Sie können sogar Podcasts aus selbst erstellten Wiedergabelisten einbeziehen, indem Sie auch bei dieser Option einen Haken setzen.

iTunes U synchronisieren

Mit iTunes U erfüllt Apple quasi eine Art Bildungsauftrag: Hier werden unzählige Interviews, Kurzfilme und Vorlesungen gratis angeboten. Weltbekannte Museen wie die Tate Gallery, das Schloss Versailles und die Fondation Cartier und Universitäten wie das Massachusetts Institute of Technology, Oxford, Stanford oder die LMU München sind mit an Bord. Inhalte lassen sich herunterladen oder abonnieren. Im Endeffekt funktioniert alles genau wie bei den Podcasts: downloaden, synchronisieren, fertig!

Bücher konvertieren und auf dem iPad lesen

Apples iBooks-App ist ein E-Book-Reader mit praktischer Shopanbindung. Allerdings können Sie nicht nur im Shop gekaufte Bücher auf das iPad übertragen. iBooks ist mit sogenannten EPUB-Dateien und seit neustem auch mit PDFs kompatibel – andere Formate wie LIT, MOBI RTF, PDB oder TXT werden nicht unterstützt. Wieder so ein Manko, das sich zum Glück relativ leicht umgehen lässt. Hierfür benötigen Sie lediglich die Gratissoftware Calibre – zu finden unter *http://calibre-ebook.com*.

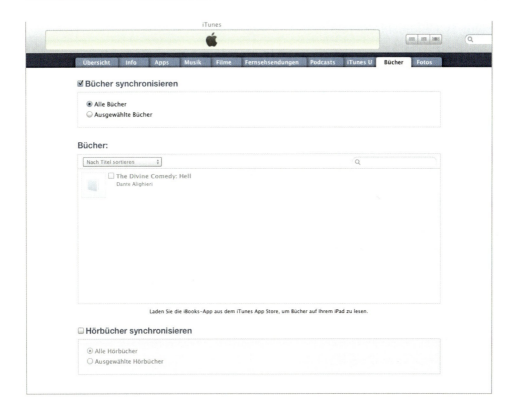

E-Books iPad-gerecht konvertieren

1 Bei der Installation von Calibre werden Sie gefragt, welches Lesegerät Sie verwenden. Wählen Sie hier bitte erst *Apple* und dann *iPad or iPhone* aus. Das erspart Ihnen zukünftiges Menügeklicke.

2 Alles installiert? Starten Sie Calibre und ziehen Sie einfach ein Dokument (z. B. PDF, TXT oder RTF) per Drag & Drop ins Programmfenster. Sobald es in der Liste auftaucht, wählen Sie per Rechtsklick die Option *In ebooks umwandeln*. Dies funktioniert übrigens auch mit mehreren Dokumenten gleichzeitig.

3 Nun öffnet sich ein neues Fenster. Wählen Sie in der linken Spalte *Page Setup* und bei der Option *Ausgabe-Profil* markieren Sie *iPad*. Oben rechts bei *Ausgabe-Format* wählen Sie *EPUB*. Drücken Sie nun *OK*. Der Vorgang kann je nach Dokumentgröße mehrere Minuten in Anspruch nehmen. Die EPUB-Datei kann danach aus der Calibre-Library direkt in iTunes importiert und auf das iPad übertragen werden.

Fotos synchronisieren

Das letzte Register im iPad-Menü ist *Fotos*. Hier stellen Sie ein, welche Bilder und Videos synchronisiert werden sollen. Außerdem bestimmen Sie, ob sich das iPad mit einem Ordner auf der Computer-Festplatte oder mit iPhoto (Mac) abgleichen soll. Sie sollten die Option *Videos einbeziehen* aktivieren, damit auch Ihre Videoaufnahmen übertragen werden. Übrigens können Windows-User auch direkt über den Explorer auf den Fotoordner des iPads zugreifen.

Fotoordner vom iPad löschen

Sie synchronisieren die Fotosammlung Ihres iPads mit einem Fotoordner auf dem PC? Dann ist Ihnen sicherlich aufgefallen, dass Sie zwar die Bilder ansehen und verschicken, aber in der Foto-App keine Ordner löschen können. Wie entfernt man also ungewünschte Fotoarchive wieder vom iPad?

So geht's: Öffnen Sie via Finder (Mac) oder Explorer (Windows) den Ordner, der in iTunes als Fotoordner angegeben ist. Löschen oder verschieben Sie alle enthaltenen Bilder und Ordner, die Sie nicht mehr benötigen. Wenn Sie jetzt das iPad anschließen und synchronisieren, werden all diese Ordner und Bilder auch aus dem Bilderverzeichnis des iPads gelöscht.

Genius aktivieren und Ihr persönliches Radio erstellen

Wenn Sie die Genius-Funktion das erste Mal aktivieren, werden Informationen über Ihre Mediathek an Apple gesendet. Dies kann durchaus eine volle Stunde in Anspruch nehmen, wenn die Mediathek recht umfangreich ausfällt. Die gesammelten Informationen werden von Apple serverseitig verarbeitet und das

Ergebnis sorgt dann bei Ihnen zu Hause für automatisch erstellte Wiedergabelisten. Genius empfiehlt Ihnen also Titel, die gut zueinander passen, und spielt sie wie von Geisterhand ab. In der Genius-Leiste auf der rechten Seite werden außerdem passende Produkte aus dem iTunes Store vorgestellt. Genius beschränkt sich dabei nicht nur auf Musik, sondern empfiehlt auch Apps, Fernsehsendungen etc. Dabei trifft Genius nicht immer ins Schwarze, doch es ist definitiv ein netter Service, den man auch auf dem iPad gern in Anspruch nimmt.

2.3 Spotlight: die integrierte Suchmaschine

Wollen Sie Ihr iPad schnell nach allem möglichen durchsuchen, egal ob es Dateien, Apps oder E-Mails sind? Dann beschäftigen Sie sich kurz mit Spotlight, der intelligenten Suchfunktion Ihres iPads.

Was ist Spotlight eigentlich?

Mac-OS-User kennen Spotlight als systemübergreifende Suchmaschine. Genau nach diesem Schema funktioniert auch die iPad-Version.

Sie geben einen Begriff ein und das iPad durchsucht das komplette System danach und gliedert die Suchergebnisse sogar nach Kategorien. Viele sehen Spotlight als Werkzeug, um „verschollene" Bilder, Texte oder Mails aufzuspüren. Dabei kann Spotlight so viel mehr – wie zum Beispiel den Home-Bildschirm ersetzen. Sie müssen es nur wollen!

Spotlight richtig konfigurieren

Zuerst sollten Sie Spotlight richtig konfigurieren. Gehen Sie in die *Einstellungen*, danach klicken Sie auf *Allgemein* und wählen *Home*. Ganz oben steht jetzt *Doppelklicken auf die Home-Taste*. Klicken Sie hier auf *Suchen*. Der erste Schritt ist geschafft: Fortan aktivieren Sie Spotlight ganz bequem per Doppelklick auf die Home-Taste. Bevor Sie das tun, be-

rühren Sie noch das Feld *Suchergebnisse*. In diesem Menü können Sie auswählen, wo Spotlight überhaupt suchen darf. Wir empfehlen, überall ein Häkchen zu setzen.

Spotlight: Apps schneller finden und starten

Das iPad ist noch gar nicht so lange auf dem Markt und trotzdem platzt der App Store bereits aus allen Nähten. Das ist natürlich toll, aber es bringt ein Problem mit sich: Wenn sich die Apps auf Ihrem Homescreen über zehn Seiten und mehr erstrecken, artet das Ganze in eine ewige Sucherei aus. Gewöhnen Sie sich deshalb an, Apps nur noch über Spotlight zu nutzen. Wir erklären, wie das am besten funktioniert:

1 Packen Sie die wichtigsten Apps auf die erste Seite des Home-Bildschirms. Er bietet Platz für 20 Apps, was für die meistgenutzten Apps in der Regel ausreicht.

2 Sagen wir mal, Sie möchten die App Twitterrific nutzen. Diese befindet sich auf der zehnten Seite Ihres Homescreens und ist normalerweise nur durch mehrfaches Blättern erreichbar. Wenn Sie Spotlight einsetzen, geht das weitaus schneller. Drücken Sie die Home-Taste zweimal. Geben Sie jetzt *twi* ein und schon tauchen alle Elemente auf, die *twi* enthalten. Klicken Sie *Twitterrific* an, um die App zu starten.

Spotlight: Musik, Podcasts und Filme starten

Viele User starten die iPod-App und suchen dann nach einem Song, Video oder Podcast. Dabei ist es viel einfacher, zuerst den Titel via Spotlight zu suchen, anzuklicken und somit automatisch im Player zu starten.

Auch hier brauchen Sie nicht den kompletten Titel einzugeben. Ein paar Buchstaben genügen. Klicken Sie auf das Suchergebnis und schon startet der Titel in der dafür vorgesehenen App.

Spotlight: Mails, Kalender und Termine aufrufen

Hier glänzt Spotlight ganz besonders. Geben Sie den Namen einer Person oder einer Firma ein, spuckt Spotlight alles Dazugehörige aus: Adressbucheinträge, E-Mails, Notizen, Termine und vieles mehr.

Spotlight als Business-Tool

Wer beruflich mit verschiedenen Menschen und Unternehmen zu tun hat, bleibt dank Spotlight immer am Ball. Sollten Sie zum Beispiel in wenigen Minuten ein Meeting mit jemandem haben, geben Sie einfach dessen Namen ein. Schon erhalten Sie eine kategorisierte Liste mit „Einträgen", die diese Person betreffen. Was wurde bereits per E-Mail besprochen? Was steht in Ihren Notizen zu diesem Kunden? Wo und wann fand das letzte Meeting statt? In wenigen Sekunden erhalten Sie also einen Überblick über alle wichtigen Informationen.

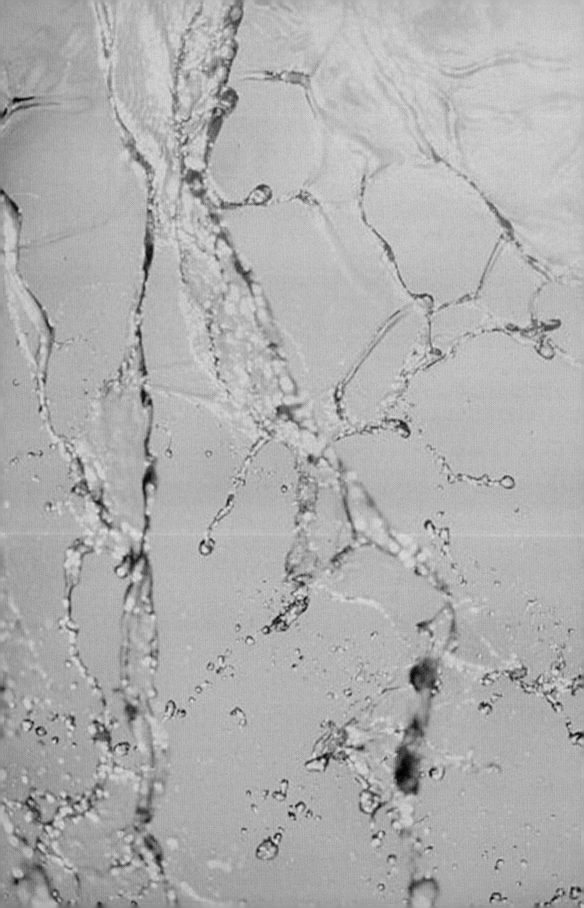

3. So holen Sie alles aus dem iPad heraus

3.1	So erhöhen Sie die Akkulaufzeit
3.2	So sparen Sie wertvollen Speicherplatz
3.3	Das iPad vollkommen an Ihre Wünsche anpassen
3.4	Besser surfen mit dem iPad
3.5	Mit Browser-Alternativen mehr aus dem Internet herausholen
3.6	Keine Flash-Unterstützung
3.7	Surfen und Sparen
3.8	Viren, Trojaner und andere schlimme Sachen
3.9	Die Mail-App und ihre Eigenheiten
3.10	So verwalten Sie Ihre Kontakte

Die Grundfragen sind geklärt, das iPad optimal konfiguriert. Jetzt ist es an der Zeit, ein wenig tiefer zu gehen, um wirklich alles aus dem Tablet-Rechner herauszukitzeln.

3.1 So erhöhen Sie die Akkulaufzeit

Ärgern Sie sich auch immer über Akkuspartipps à la „Deaktivieren Sie Wi-Fi, Bluetooth, Push-Dienste, 3G und GPS, damit der Akku länger durchhält!"? Warum Optionen deaktivieren, die das Gerät so komfortabel machen? Sollte man wirklich mit GPRS durchs Internet schleichen und auf kabellosen Musikgenuss verzichten, weil das Gerät dann weniger oft geladen werden muss? Glücklicherweise gibt es andere Tipps, die ebenfalls die Laufzeit erhöhen und vom User nicht so viele Opfer verlangen.

Auto-Helligkeit aktivieren

Das iPad-Display ist so brillant und hell, dass selbst bei 50 % des Maximalwertes alles toll aussieht. Am besten, Sie aktivieren die Auto-Helligkeit. Das geht über *Einstellungen/Helligkeit & Hintergrund* und dann *Auto-Helligkeit* auf *An*. Fortan passt Ihr iPad die Helligkeit an die Lichtverhältnisse an.

Equalizer deaktivieren

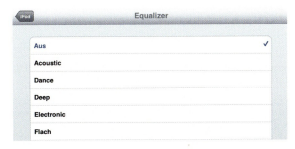

Mit dem Equalizer lässt sich das Klangbild der gespielten Musik verändern. Das geschieht in Echtzeit und verbraucht mehr Energie. Wer ordentliche Kopfhörer oder Lautsprecher benutzt, braucht dieses Feature nicht, und die eingebauten Lautsprecher klingen auch mit aktiviertem Equalizer dünn. Verzichten Sie also lieber ganz darauf. Wie? Unter *Einstellungen* klicken Sie auf *iPod*, dort auf *Equalizer* und dann auf *Aus*.

Flugmodus aktivieren

Wann immer Sie unterwegs sind und keinen Zugriff auf WLAN oder ein Mobilfunknetz haben, sollten Sie den Flugmodus aktivieren. Sonst wird das iPad im Hintergrund ständig nach verfügbaren Netzen suchen, was ziemlich an der Akkuleistung nagt. Gehen Sie in die *Einstellungen* und stellen Sie den *Flugmodus* auf *An*.

Nicht bei 100 % mit dem Laden aufhören

Akkuanzeigen sind nie unfehlbar. Ziehen Sie das Netzkabel also nicht sofort ab, wenn die Ladeanzeige bei 100 % steht.

Lassen Sie das iPad ruhig noch 30 Minuten länger angeschlossen, wenn Sie nicht unter Zeitdruck stehen. Tests haben ergeben, dass beim Laden immer „ein paar Prozent mehr möglich sind", und wir können dieses Phänomen nur bestätigen.

Wie lädt man das iPad am schnellsten auf?

- iPad-Netzteil: Mit Apples mitgeliefertem Netzteil füllen Sie den leeren Akku in etwa vier Stunden. Manche Netzteile von Fremdherstellern (z. B. Griffin Power-Block) schaffen das in knapp drei Stunden.

- iPhone-Netzteil: iPhone-User können auch Ihre alten iPhone-Charger benutzen, um das iPad aufzuladen. Allerdings nimmt das über fünf Stunden in Anspruch.

- Dass ältere USB-Ports mit Niedrigspannung das iPad überhaupt nicht erst aufladen, wissen Sie bereits. Ärgerlich: Aktuellere high powered USB-Ports laden das iPad zwar auf, brauchen dafür aber ewig. Selbst über den USB-Anschluss eines nagelneuen Mac Pro dauerte der Ladevorgang über sieben Stunden.

Fazit: Die bequemste und zuverlässigste Art, den Akku aufzuladen, ist das iPad-Netzteil. Wir empfehlen, das iPad über Nacht damit aufzuladen, so geht Ihnen tagsüber garantiert nie der Saft aus.

3.2 So sparen Sie wertvollen Speicherplatz

Das iPad ist mit 16–64 GByte Kapazität erhältlich. Was sich nach viel anhört, entpuppt sich im Multimedia-Alltag als relativ sparsam bemessen.

Wer zum Beispiel im Filmbereich des iTunes Store einkaufen geht, erreicht das Limit sehr schnell. Es gibt aber Mittel und Wege, um eventuelle Speicherprobleme zu umgehen.

SD-Videos bevorzugen

Wenn Sie diese Option wählen, wird iTunes beim Synchronisieren immer erst die niedriger aufgelöste Version eines Videos übertragen. Kauft man zum Beispiel neuere TV-Folgen über iTunes, werden diese häufig als SD- und HD-Version auf dem Computer abgelegt.

Die SD-Variante braucht in der Regel nicht halb so viel Platz auf dem iPad. Klicken Sie in der linken iTunes-Spalte unter *Geräte* auf das Symbol Ihres iPads. Nun sehen Sie das iPad-Fenster, das am oberen Rand diverse Register bereithält. Klicken Sie auf das Register *Übersicht* und setzen Sie unten bei der Option *SD-Videos bevorzugen* ein Häkchen.

Höhere Datenraten konvertieren

Ebenfalls unter *Übersicht* finden Sie die Option *Titel mit höherer Datenrate in 128kBit/s AAC konvertieren*. Wenn Sie dies aktivieren, wandelt iTunes alle Musiktitel vor dem Synchronisieren in AAC-Dateien mit einer Rate von 128 kBit/s um. Das spart zwar massig Platz, aber anspruchsvolle Audiofans werden die reduzierte Datenrate definitiv „raushören".

Cloud-Computing: Nutzen Sie die Datenwolke

Ihre Daten müssen sich nicht unbedingt auf Ihrem iPad befinden, um genutzt werden zu können. So stellt Apple seinen MobileMe-Abonnenten 20 GByte Onlinespeicherplatz zur Verfügung.

Mit den entsprechenden iPad-/iPhone-Apps können Sie jederzeit auf dort abgelegte Dateien zugreifen. Fotos, Videos, Dokumente oder Musik nehmen dann keinen Speicherplatz auf dem Gerät weg. Wer kein Geld ausgeben möchte, sollte sich die iPad-App Dropbox ansehen. Hier erhalten Sie immerhin 2 GByte Onlinespeicherplatz gratis.

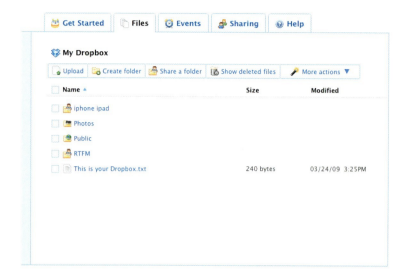

Nutzen Sie Streaming-Apps

Haben Sie auf Ihrem heimischen Computer eine Menge Filme? Warum nicht all diese Streifen über die mobile Datenverbindung Ihres iPads als Livestream genießen? Diverse Apps,  wie zum Beispiel AirVideo von InMethod, erlauben den Fernzugriff auf die heimische Mediathek. So erhalten Sie Zugriff auf Ihre gesamte Filmbibliothek, ohne auch nur ein MByte iPad-Speicher zu belegen.

3.3 Das iPad vollkommen an Ihre Wünsche anpassen

Sicherlich lässt sich das iPad nicht ganz so individualisieren wie zum Beispiel ein Netbook, aber ein bisschen etwas kann man am Erscheinungsbild schon

verändern. Das beginnt beim Hintergrundbild und endet beim Arrangement der Homescreen-Icons.

Eigenen Hintergrund finden und wählen

Wie Sie den Sperrbildschirm und den Homescreen-Hintergrund verändern, haben wir ja bereits in Kapitel 2 angerissen. Das iPad erlaubt dem User, auch eigene Fotos als Hintergrund auszuwählen. Da empfiehlt es sich natürlich, via Safari nach einem besonders schönen Bild zu suchen.

1 Öffnen Sie Safari und geben Sie die Bezeichnung oder den Namen des gewünschten Hintergrundmotivs im Google-Suchfeld ein. Klicken Sie dann oben links auf *Bilder*, damit Google explizit nach Bildern sucht.

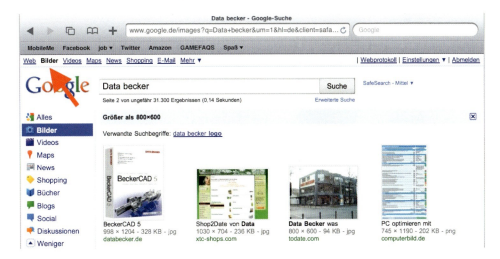

2 Damit nur Bilder in guter Qualität angezeigt werden, klicken Sie links in das Menü *Größer als...* und wählen *800x600*. So spuckt Google nur Bilder aus, die größer als dieses Format sind.

3 Sie haben ein Bild gefunden? Dann berühren Sie es mit dem Finger, bis das Sichern/Kopieren-Menü erscheint. Klicken Sie jetzt auf *Bild sichern*, damit das Bild in der Foto-App unter *Gesicherte Fotos* abgelegt wird. Nun steht es Ihnen im Menü *Hintergrundbild* zur Verfügung.

Icons auf dem Gerät arrangieren

Sobald Apple das iPhone iOS 4 für das iPad veröffentlicht, werden Sie endlich Sammelordner auf dem Home-Bildschirm anlegen können, um der Flut von App-Icons Herr zu werden. Bis es soweit ist, müssen Sie sich selbst helfen, indem Sie die Icons nach Kategorien ordnen.

Wie Sie die Icons kategorisieren, ist Ihnen überlassen. Aber am besten ist es, auf der ersten Seite die meistgenutzten Apps unterzubringen und auf der zweiten Seite dann mit den Kategorien zu beginnen. Ein Beispiel: Alle News-, Wetter- und Börsen-Apps auf Seite 2. Alle Spiele auf Seite 3. Alles, was mit Navigation und Karten zu tun hat, auf Seite 4 und immer so weiter. In iTunes geht das aber weitaus einfacher …

Icons bewegen, löschen und ins Dock schieben

Halten Sie ein Icon mit dem Finger gedrückt, bis alle Icons zu wabern anfangen. Nun können Sie in Ruhe die Icons hin und her bewegen. Sie dürfen übrigens bis zu sechs Icons ins Dock schieben. Um ein Icon auf eine andere Seite des Homescreens zu packen, bewegen Sie das Icon einfach an den Bildschirmrand. Dann „blättert" das iPad automatisch um. Um eine App zu löschen, klicken Sie das X an, das sich oben links auf dem Icon befindet.

Icons in iTunes arrangieren

Mehrere Dutzend Icons auf dem iPad umherzuschieben, ist nicht gerade unterhaltsam. Schneller geht das über iTunes. Schließen Sie das iPad an und klicken Sie auf das iPad-Register *Apps*.

Unter dem rechten Fenster sehen Sie die Miniaturansicht der einzelnen Homescreen-Fenster. Sie können auf dem großen Fenster einfach Icons markieren und mit der Maus in die kleinen Fenster ziehen. Wenn Sie die (Shift)-Taste gedrückt halten, können Sie gleich mehrere Icons hintereinander markieren und gemeinsam verschieben.

Abkürzungen für Ihre Webseiten anlegen

Auf Ihre Lieblingswebseiten gelangen Sie am schnellsten, wenn Sie diese auf dem Homescreen ablegen. Dort werden sie dann in Form von Icons angezeigt – genau wie ganz normale Apps. Einmal anklicken und schon öffnet sich die Seite im Safari-Browser. So funktioniert's:

1 Klicken Sie auf der Seite Ihrer Wahl auf das Plussymbol links neben dem Adressfeld. Wählen Sie *Zum Home-Bildschirm*.

3. So holen Sie alles aus dem iPad heraus 85

2 Sie können jetzt noch eingeben, unter welchem Namen das Icon auf dem Home-Bildschirm platziert werden soll. Danach klicken Sie auf *Hinzufügen*. Sie können diesen Vorgang so oft wiederholen, wie Sie möchten.

Warum Web Apps keinen Sinn ergeben

Als man noch ohne App Store auskommen musste, waren Web Apps eine tolle Sache. Gratisprogramme, die man nicht installieren muss und sofort benutzen kann. Leider bieten die meisten davon in Sachen Technik und Spaß sehr wenig.

Auf dem kleinen iPhone-Bildschirm kann man das Ganze noch ertragen, aber auf dem großflächigen iPad-Screen haben Web Apps nichts verloren. Davon abgesehen funktioniert auf dem iPad ein nicht unerheblicher Teil der Web Apps eher schlecht als recht.

Sie können sich natürlich selbst ein Bild davon machen: *http://www.apple.com/de/webapps*.

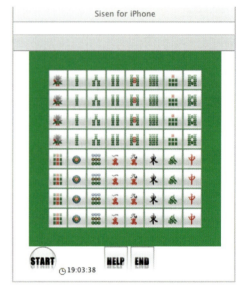

3.4 Besser surfen mit dem iPad

Das iPad ist die geborene Surfmaschine und auch im Internet kinderleicht zu bedienen. Allerdings unterscheidet sich Safari für das iPad ein wenig von klassischen Internetbrowsern. Diese Tipps werden Ihnen dabei helfen, sich schneller zurechtzufinden.

Wichtige Voreinstellungen

Vor dem ersten Surfen sollten Sie unter *Einstellungen* auf *Safari* klicken und darauf achten, dass die im oberen Bild angezeigten Optionen alle aktiviert sind.

Automatisch ausfüllen erspart Ihnen viel Tipperei, weil es sich Log-ins etc. merkt. *Lesezeichenleiste immer anzeigen* sorgt dafür, dass unter der Adressleiste des Browsers Lesezeichen angezeigt werden. Das beschleu-

nigt den Zugriff auf die Seiten enorm. *Betrugswarnung* macht Sie auf gefährliche Phishing- und Trojaner-Seiten aufmerksam.

Lesezeichen mit einem Klick verwalten

Wenn Sie in Safari auf das Lesezeichen-Symbol oben links klicken, öffnet sich das *Lesezeichen*-Fenster. Hier befindet sich übrigens ganz unten versteckt der Link zur iPad-Bedienungsanleitung. Im *Lesezeichen*-Fenster oben rechts finden Sie den *Bearbeiten*-Button. Dieser ermöglicht das Löschen, Umbenennen und Verschieben von Lesezeichen.

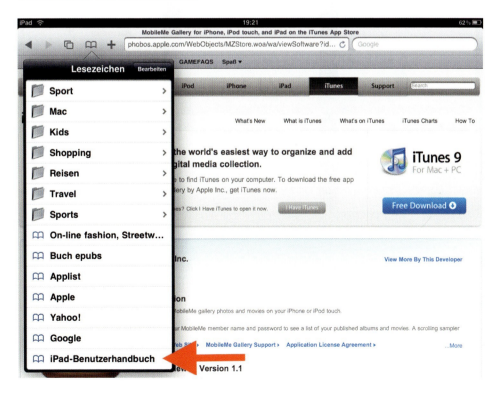

Mehrere Browser-Fenster öffnen

Links neben dem Lesezeichen-Symbol finden Sie das Symbol für eine neue Seite. Es ersetzt das sogenannte Tabbed Browsing.

Wenn Sie das Symbol anklicken, öffnet sich ein neues Fenster, in dem Sie bis zu neun unterschiedliche Webseiten gleichzeitig öffnen können. Diese werden in einer Miniaturansicht angezeigt. Klicken Sie so eine Miniatur an, öffnet sich die entsprechende Seite im Vollbildmodus.

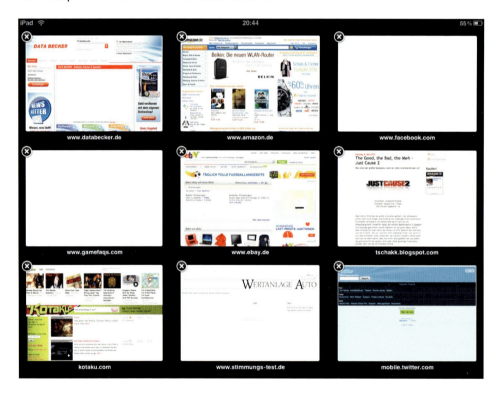

Wenn Sie eine der Seiten schließen möchten, müssen Sie einfach nur das kleine x berühren, das sich in der oberen linken Ecke jedes Fensters befindet. Wir empfehlen Ihnen, in diesem Fenster einfach immer Ihre Lieblingsseiten offenzuhalten. So können Sie schnell zwischen den Sites hin und her springen.

3.5 Mit Browser-Alternativen mehr aus dem Internet herausholen

Obwohl das iPad noch gar nicht so lange auf dem Markt ist, buhlen bereits eine Menge Safari-Konkurrenten um die Gunst der User. Viele davon können mit Apples hauseigenem Browser nicht mithalten. Wir stellen Ihnen deshalb nur vier Browser vor, die es unserer Meinung nach locker mit Safari aufnehmen können.

Atomic Web Browser

Der Atomic Web Browser (€ 0,79) bietet eine Menge Optionen, die Safari vermissen lässt. Zum Beispiel lässt er sich als Firefox oder Internet Explorer tarnen. Das verhindert, dass Webseiten als kastrierte Mobilversionen geladen werden. Außerdem bietet er Tabbed Browsing – er legt also unendlich viele Seiten als Register unter dem Adressfeld ab.

Der Ad-Blocker unterdrückt einen großen Teil der Werbebanner und das sorgt für schneller geladene Seiten. Selbst Fotos können geblockt werden, was den Browser noch schneller macht. Er erlaubt sogar das Abspeichern von Webseiten, damit diese offline gelesen werden können, und lässt sich komplett über Gesten steuern.

iCurtain

iCurtain (€ 1,59) bietet ebenfalls Tabbed Browsing, blockiert auf Wunsch störende Werbung und hat viele Features an Bord, die Safari vermissen lässt. Besonders interessant ist das Download-Feature. Sie können mit diesem Browser tatsächlich Dateien herunterladen, wie auf einem normalen Computer.

Allerdings lässt sich mit den Downloads noch nicht viel anfangen, weil das iPad ohne gehackte Firmware eigentlich keinen Download-Ordner bietet. Die Entwickler dieses Browsers arbeiten aber an einer Lösung.

iCab

Wirklich gut an iCab (€ 1,59) finden wir, dass man ausgefüllte Formulare abspeichern kann. Wenn Sie später wieder ein Formular ausfüllen müssen, um sich zum Beispiel bei einem Shop zu registrieren, können Sie direkt die gespeicherten Daten übernehmen. Weitere Optionen: Tabbed Browsing, Download-Unterstützung, Bilder/Werbung unterdrücken, Vollbildmodus und „privates Surfen". Letztere Funktion löscht nach einer Surfsitzung alle Spuren, was besonders für iPads gut ist, die von mehreren Usern genutzt werden.

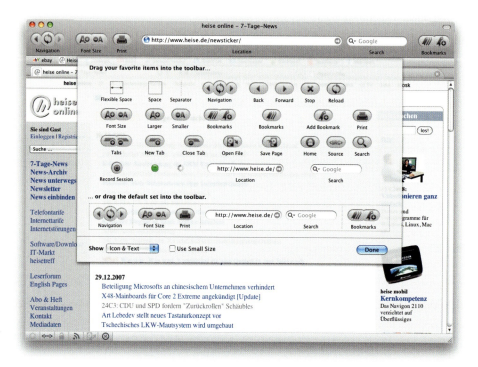

Browser Duo

Browser Duo (€ 1,59) bietet nicht ganz so viele Optionen wie die anderen hier vorgestellten Browser-Alternativen. Aber dafür haben die Entwickler ein absolutes Killer-Feature erdacht: Dual Browsing! Hier können Sie zwei Webseiten gleichzeitig betrachten, was bei der beachtlichen Größe des iPad-Screens definitiv Sinn ergibt.

3.6 Keine Flash-Unterstützung

Apples iPhone OS, das im iPhone, iPod touch und im iPad werkelt, bietet keinerlei Flash-Unterstützung. Das bedeutet, dass es bestimmte Inhalte und Webseiten nicht darstellen kann. In der Regel sind das Videos oder animierte Elemente auf Webseiten. Apples Gegner nutzen dieses Manko gern für ihre Zwecke, um das iPhone OS als „für das Internet ungeeignet" darzustellen.

Dabei ist das Problem in absehbarer Zukunft keines mehr. Mittlerweile gibt es kaum noch fehlerhaft dargestellte Seiten, da die Betreiber jener Seiten an Lösungen arbeiten. Welcher Seitenbetreiber möchte schon dauerhaft auf

die zahlreichen Klicks der iPad- und iPhone-Surfer verzichten? Außerdem sind im Durchschnitt etwa 26 % aller angebotenen Internetvideos iPad-kompatibel, behauptet der Medienaggregator MeFeedia. Das soll aber nicht bedeuten, dass iPad-Besitzern 74 % aller Internetvideos entgehen. Über YouTube, Vimeo, Break und Co. finden Sie nämlich so ziemlich jedes Video im passenden Format. In den letzten sechs Monaten ist die Anzahl kompatibler Videos um das 2,5-fache gestiegen, so der MeFeedia-Boss Frank Sinton. Der Trend geht also weg von Flash und hin zu HTML5 und anderen kompatiblen Formaten.

Es gibt immer eine Lösung

Wenn Sie partout nicht auf Java und Flash verzichten können, dann besorgen Sie sich die Gratis-App Cloud Browse. Damit können Sie quasi einen vollwertigen Firefox-Browser fernsteuern und kommen somit in den Genuss von Flash-Videos und Java-Applikationen. Stellen Sie es sich wie eine interaktive Liveübertragung vom Browser eines anderen Computers vor. Allerdings gab es bis zum Redaktionsschluss noch keine echte iPad-Version, weshalb die Bildqualität unter der niedrigen iPhone-Auflösung leidet.

3.7 Surfen und Sparen

Beim Surfen via WLAN muss man sich über das verbrauchte Datenvolumen und die entstandenen Kosten keine Gedanken machen. Nutzt man aber die mobile Datenverbindung und surft via 3G, EDGE oder GPRS, dann sieht die Sache ganz anders aus. Die meisten Data-SIM-Verträge bieten in der Regel 1–3 GByte inklusive und wenn der Kunde mehr verbraucht, muss er eben mehr bezahlen. Im ersten Kapitel haben wir Ihnen deshalb gezeigt, wie Sie den Datenverbrauch kontrollieren und eindämmen. An dieser Stelle möchten wir ganz explizit darauf eingehen, wie man beim Betrachten von Webseiten sparen kann.

Alternative Browser installieren

Auf Seite 89 haben wir Ihnen ein paar Browser-Alternativen vorgestellt, die nicht nur mehr Features und verbesserten Komfort bieten.

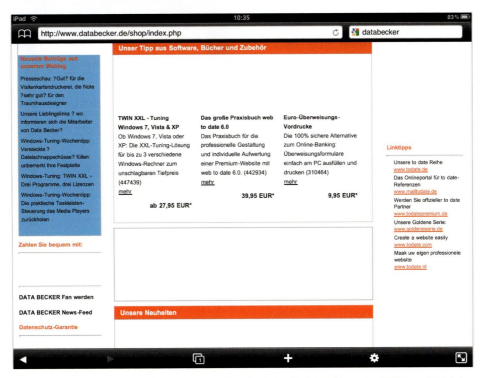

▲ So sieht es aus, wenn Sie etwa im Atomic Web Browser die Darstellung von Bildern unterdrücken. Trostlos! Dafür sinkt der Datenverbrauch enorm.

Da sich bei diesen Browsern auch Bannerwerbung deaktivieren lässt, sparen Sie eine Menge Traffic-Kosten. Allein Banner können bei jeder Internetsession mehrere MByte Traffic verursachen und auf den Monat gerechnet kommt da so einiges zusammen. Selbst Bilder können Sie deaktivieren, was den Datenverbrauch mindestens halbiert, aber irgendwie auch den Spaß ...

Webseiten und Artikel offline genießen

Eine andere Möglichkeit, Traffic-Kosten zu senken, ist es, Texte und ganze Webseiten zu speichern! Klingt kompliziert, aber in Wirklichkeit ist das Ganze so komfortabel und praktisch, dass nicht nur Sparfüchse darauf zugreifen. Wir stellen Ihnen die zwei populärsten und komfortabelsten Methoden vor.

InstaPaper

Nutzer von InstaPaper (€ 3,99) berichten alle vom gleichen Phänomen: Zuerst fragt man sich, wofür das knapp vier Euro teure Programm gut sein soll, und zwei Stunden später kann man ohne InstaPaper nicht mehr leben.

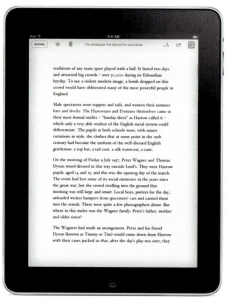

InstaPaper speichert unkompliziert und schnell jede gewünschte Seite in einem lesefreundlichen Format. Ein Klick im Browser genügt und schon wird der Artikel in InstaPaper abgelegt und kann jederzeit ohne Internetverbindung gelesen werden. Das schont nicht nur den Datentarif des iPads, sondern spart auch jede Menge Zeit.

▲ Mit InstaPaper lassen sich interessante Artikel abspeichern und in E-Book-Form konsumieren – ganz ohne Internetverbindung. Ideal für längere Artikel!

Offline Pages

Offline Pages (gratis) verfolgt zwar den gleichen Ansatz wie InstaPaper – präsentiert den Inhalt aber in einer anderen Form. InstaPaper stellt gespeicherte Texte und Seiten im E-Book-Style in reiner Textform dar. Das ist effizient und für Vielleser ideal. Offline Pages legt aber 1:1-Kopien der gespeicherten Seiten und Artikel an. Wenn Sie wünschen, geschieht das sogar automatisch. Stellen Sie einfach ein, in welchen Intervallen Ihre Lieblingsseiten gespeichert werden sollen. Toll ist auch, dass Offline Pages Artikel immer an der Stelle öffnet, die zuletzt gelesen wurde. Sie müssen also nicht nach der „richtigen" Stelle suchen.

▲ Offline Pages speichert ganze Webseiten und gibt sie offline 1:1 wieder. Sie können die Links sogar ohne Umwege via PC oder iPhone zum iPad senden.

3.8 Viren, Trojaner und andere schlimme Sachen

Sie haben Angst vor Viren, Trojanern und anderer zerstörerischer Software? Eigentlich haben Sie nichts zu befürchten, wenn Sie sich an einfache Regeln halten.

✦ Benutzen Sie keine Jailbreak-Software. Damit erleichtern Sie Hackern die Arbeit nämlich enorm. Wer Spirit, Cydia & Co. partout nutzen möchte, sollte auf jeden Fall ein

▲ Wer auf Jailbreak verzichtet und seinen iTunes-PC sauber hält, muss sich vor Trojanern und Viren auf dem iPad nicht fürchten.

- Halten Sie Ihren iTunes-PC sauber. Wenn der Sync-PC verseucht ist, wird es irgendwann auch das iPad treffen. Lassen Sie also immer einen Virenscanner laufen und aktualisieren Sie diesen regelmäßig.

- Keine verdächtige Software laden! Immer wieder fallen User auf den alten E-Mail-Trick herein: Im Postfach landet eine Mail, die zu einem angeblichen iTunes-Update führt. Unbedarfte klicken auf den Link und stürzen sich damit ins Verderben. Ist dieses vermeintliche Update nämlich erst mal installiert, werden Passwörter, Seriennummern und andere Daten ausspioniert. Klicken Sie deshalb niemals Links unbekannter Quellen an.

- Aktivieren Sie die Option *Betrugswarnung*. So werden Sie alarmiert, wenn Sie im Internet auf betrügerische Inhalte stoßen. Gehen Sie auf *Einstellungen* und klicken dann auf *Safari*, um die Betrugswarnung anzuschalten.

3.9 Die Mail-App und ihre Eigenheiten

In Kapitel 2 haben Sie bereits das Einrichten von Mailkonten gelernt. Die Mail-App selbst ist sehr „bodenständig" und bietet nicht annähernd so viele Funktionen wie Apples Desktop-Mailprogramm. Sie können zum Beispiel keine speziellen Ordner anlegen, und um Bilder anzuhängen, müssen Sie erst in die Foto-App wechseln.

Es gibt nicht einmal einen gesammelten Posteingang für alle Accounts. (Letzteres soll sich im Herbst mit der Veröffentlichung von iPhone iOS 4.0 ändern.) Die überschaubaren Funktionen bringen aber etwas Positives mit sich: Man findet sich schnell zurecht. Fast alle Punkte erklären sich von selbst, manches wirkt dennoch seltsam und genau diesen Eigenheiten widmet sich dieses Kapitel.

Bilder und Videoclips verschicken

Normalerweise gibt es in Mailprogrammen einen Datei-anhängen-Button. Dieser fehlt beim iPad. Sie können beim Verfassen einer Nachricht direkt über das Mailprogramm keine Bilder anfügen – außer via Copy & Paste.

Wenn Sie mehrere Bilder versenden möchten, müssen Sie erst die Foto-App öffnen, dort die Bilder auswählen und versenden. Wählen Sie also ein Bilderalbum aus und klicken Sie oben rechts auf das Versenden-Icon.

Jetzt berühren Sie die gewünschten Dateien, um sie mit einem blauen Häkchen zu versehen. Klicken Sie danach oben links auf *Senden*.

Eine Alternative wäre das erwähnte Copy & Paste, indem Sie ein Bild länger berühren, bis der Sichern/Kopieren-Dialog erscheint. Ist ein Bild erst mal kopiert, können Sie es in der Mail-App direkt beim Verfassen einer Nachricht einfügen.

Wenn Sie ein Bild speichern (statt es zu kopieren), landet es im *Gesicherte Fotos*-Ordner der Foto-App. Sie können auch erhaltene PDFs speichern, da diese von der Mail-App wie Fotos behandelt werden. Videoclips, die sich in einer Mail befinden, lassen sich übrigens nicht per Copy & Paste abspeichern.

Egal, ob Sie Bilder oder Clips via Foto-App oder per Copy & Paste eingefügt haben: Am Ende packen Sie die Empfänger hinzu und ab geht's.

Kontakte versenden

Auch vCards/Kontakte lassen sich nicht direkt über die Mail-App einfügen. Stattdessen müssen Sie die Kontakte-App öffnen und dort die zu verschickenden Daten auswählen.

In der Kontakte-App wählen Sie einen Kontakt aus und klicken auf *Senden*, um die dazugehörige VCF-Datei per Mail zu verschicken.

Wenn sich die Nachricht öffnet, können Sie die angefügte Datei sehen. Jetzt wählen Sie die Empfänger aus und klicken abschließend auf *Senden*.

> **Dateien verschicken**
>
> Welche Dateianhänge per Mail-App verschickt werden können? Das kommt ganz darauf an. Wenn Ihnen jemand zum Beispiel ein InDesign-Dokument zusendet, können Sie dieses ohne Weiteres weiterleiten – obwohl Sie es nicht auf dem iPad speichern oder öffnen können. Alles, was in Ihrem Postfach landet, lässt sich auch weiterleiten. Von den Dateien, die sich generell auf Ihrem iPad befinden, lassen sich aber nur die wenigsten versenden: Bilder, Videos, PDFs, Dokumente und Kontakte im VCF-Format zum Beispiel. Musik, EPUB-Bücher oder Apps leider nicht.

Web-Mail auf dem iPad nutzen

Es gibt eine Menge Leute, die wissen möchten, ob man mit dem iPad auch auf Web-Mail-Konten zugreifen kann. Die Antwort lautet: Natürlich geht das! Aber die Frage sollte eher lauten: Warum sollte das jemand ernsthaft in Erwägung ziehen? Schließlich lässt sich in der Mail-App mit den Daten so ziemlich jedes Mailanbieters ruck, zuck ein Konto einrichten. Egal ob Google Mail, 1&1, Hotmail und was es sonst noch alles gibt.

Bevor Sie sich also mit der Browser-Darstellung eines E-Mail-Kontos quälen, richten Sie es lieber direkt in der Mail-App ein. Auf Seite 41 erfahren Sie, wie das funktioniert.

3. So holen Sie alles aus dem iPad heraus

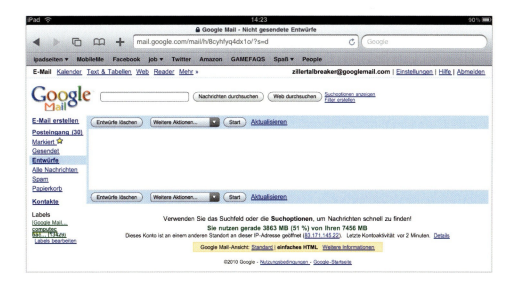

3.10 So verwalten Sie Ihre Kontakte

Apples Kontakte-App ist wirklich komfortabel und übersichtlich gestaltet, aber die Bearbeitungsmöglichkeiten lassen zu wünschen übrig.

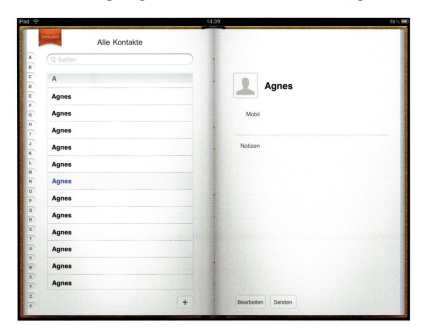

So werden Ihre Kontakte zwar auf Wunsch in Gruppen geordnet angezeigt, aber Sie können per iPad weder Gruppen anlegen noch bearbeiten. Genau wie bei der Mail-App sorgt die Feature-Armut für eine kinderleichte Bedienung.

Aufgeräumt und beinahe spartanisch: Drücken Sie das Plussymbol in der Mitte unten, um einen neuen Kontakt zu erstellen. Die Option *Bearbeiten* lässt Sie den aktuell angezeigten Kontakt modifizieren, etwa um ein Bild und Infos zu ergänzen oder den Kontakt zu löschen.

Wenn Sie auf *Senden* klicken, können Sie den Kontakt weiterleiten. Das rote Lesezeichen oben links öffnet die Gruppenansicht, der wir uns als Nächstes widmen. Ist das Gruppenmenü geöffnet, wird Ihnen auffallen, dass Sie keinerlei Bearbeitungsmöglichkeiten haben.

Sie können lediglich Gruppen auswählen, um die zugehörigen Kontakte aufzurufen. Wer Gruppen erstellen und modifizieren will, muss dieses an einem „richtigen" Computer erledigen.

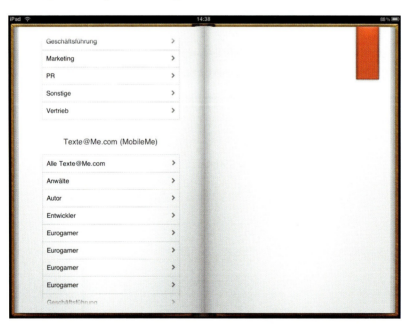

Externe Kontakte und Onlineadressbücher

Auf Seite 55 haben Sie gelernt, wie unter anderem Outlook-, Google- oder Yahoo-Kontakte via iTunes importiert und mit dem iPad synchronisiert werden. Jetzt geht es darum, externe Kontakte ohne iTunes auf das iPad zu bekommen.

Viele iPad-User nutzen private und geschäftliche Netzwerke. Viele dieser Seiten (zum Beispiel XING oder LinkedIn) erlauben das Exportieren der kompletten User-Kontakte. Folgen Sie dafür einfach den Anweisungen im entsprechenden Menü des Anbieters. In der Regel findet sich für diesen Zweck ein gut sichtbarer Button in der Kontaktliste.

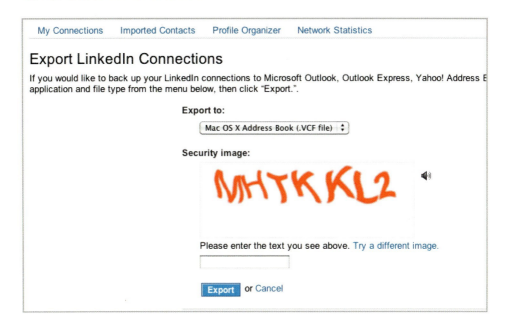

Bevor Sie die Kontakte exportieren, wählen Sie am besten das Format VCF aus. Speichern Sie dann die Datei auf dem Rechner. Jetzt senden Sie sich diese Datei einfach per E-Mail zu.

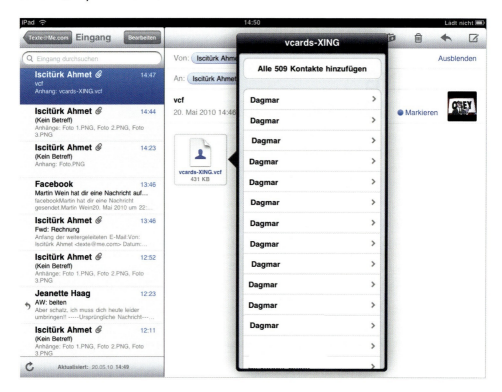

Wenn Sie die E-Mail jetzt auf dem iPad öffnen, müssen Sie lediglich den Anhang anklicken. Nun öffnet sich ein Dialog. Klicken Sie dort auf *Alle Kontakte hinzufügen*. Der Prozess kann einige Minuten in Anspruch nehmen. Das hängt von der Zahl der importierten Kontakte ab.

Es kann sein, dass einige der importierten Kontakte bereits auf dem iPad existieren. In diesem Fall werden Sie gefragt, ob diese Kontakte zusammengeführt oder neu angelegt werden sollen. Wir empfehlen *Kontakte zusammenfügen*, damit Ihr Adressbuch nicht von Dubletten überschwemmt wird.

CSV-Format umwandeln

Dieser Importvorgang funktioniert natürlich nicht nur mit Ihrem XING- oder LinkedIn-Adressbuch. Wir haben diese Dienste nur ihrer Popularität wegen als Beispiel gewählt. Wichtig ist: Um Adressdateien im CSV-Format zu nutzen, wandeln Sie diese in VCF um. Das geht online zum Beispiel unter *http://homepage.mac.com/phrogz/CSV2vCard_v2.html*.

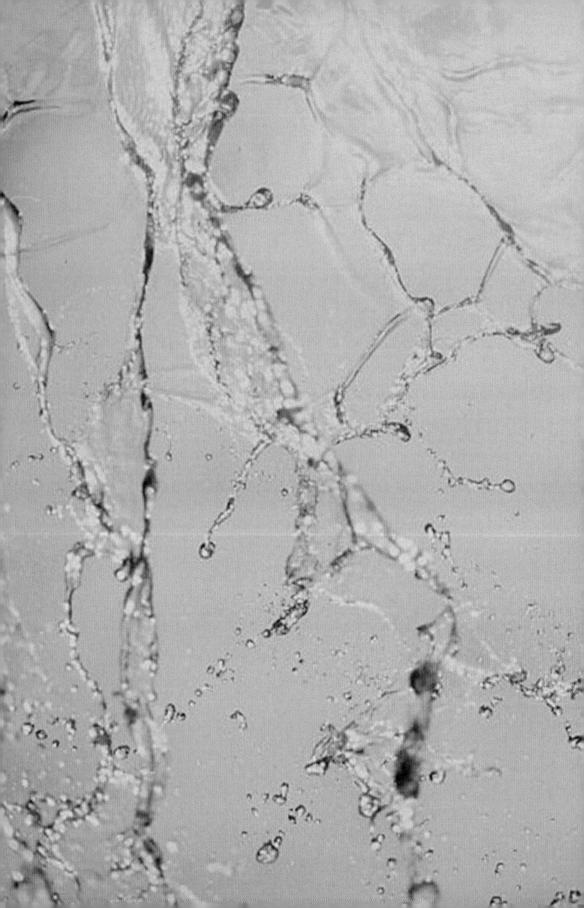

4. Den Alltag komplett mit dem iPad organisieren

4.1　Den Kalender ausreizen

4.2　Einfach und nützlich: Notizen-App

4.3　MobileMe: wann es wirklich sinnvoll ist

Das iPad eignet sich nicht nur hervorragend für den spaßigen Teil des Lebens. Apples Organisationstalent erleichtert Ihnen auch den Alltag mit seinen durchdachten Termin-, Notizen- und Kontaktfunktionen erheblich.

4.1 Den Kalender ausreizen

Der Kalender des iPads sieht nicht nur wunderhübsch aus – er ist auch gut durchdacht und lässt sich über iTunes mit iCal und Outlook abgleichen oder drahtlos mit MobileMe synchronisieren.

Schon gewusst?

Das Kalender-Icon auf dem Homescreen zeigt immer das aktuelle Datum an. Sie müssen deshalb nicht erst den Kalender starten, um das Datum in Erfahrung zu bringen.

Das muss man Apple lassen: Auch der iPad-Kalender ist kinderleicht zu verstehen und auch nicht komplizierter als ein Terminplaner aus Papier. Über die Tabs *Tag*, *Woche*, *Monat*, *Liste* ändern Sie die aktuelle Ansicht. Oben rechts im Suchfeld können Sie gezielt nach Terminen suchen. Klicken Sie einen Eintrag an, werden alle Details angezeigt. Wenn Sie das Pluszeichen anklicken, können Sie einen neuen Eintrag erstellen.

Wenn Sie die Listenansicht wählen, werden übrigens alle zukünftigen Termine aufgelistet. Klicken Sie einen davon an, wird auf der rechten Seite der entsprechende Tag geöffnet. Klicken Sie unten links auf *Heute*, dann landen Sie auf dem aktuellen Tag. Tolles Feature: Über die Timeline, die sich ganz unten befindet, flitzen Sie in Windeseile durch die Termine. Der Vorteil des iPad-Kalenders: MobileMe-Abonnenten müssen den Kalender nicht extra via iTunes synchronisieren.

Ihre Kalender werden drahtlos mit MobileMe synchronisiert. Sie können die Kalender auch mit diesem Computer synchronisieren.

4.2 Einfach und nützlich: Notizen-App

Bei dieser App scheiden sich die Geister. Für die einen ist sie einfach zu schlicht und bietet nicht genug Optionen und die anderen schätzen genau diese Schlichtheit. Der Autor dieser Zeilen gehört zur zweiten Gruppe. Wer einen Einfall hat

oder schnell etwas niederschreiben möchte, um es nicht zu vergessen, will sich nicht erst durch eine Flut von Optionen klicken, sondern aufschreiben, speichern, fertig!

Die Spalte links führt alle Notizen auf und die gerade geöffnete Notiz wird mit einem „Kringel" markiert. Wie bei Apple typisch, wird durch das Klicken auf das Pluszeichen ein neues Objekt angelegt. Auch die Bedienelemente ganz unten wurden auf das Wesentliche reduziert: zurückblättern, Notiz senden, Notiz löschen

und zur nächsten Notiz blättern. Klicken Sie auf das Briefkuvert-Symbol, wird der Notiztext in eine Mail eingefügt und kann so verschickt werden. Ihre Notizen lassen sich aber auch via iTunes synchronisieren. Öffnen Sie iTunes, schließen Sie das iPad an und klicken Sie auf das Register *Info*. Hier finden Sie unter der Rubrik *Andere* die Option *Notizen synchronisieren*.

4.3 MobileMe: wann es wirklich sinnvoll ist

Apples MobileMe ist ein kostenpflichtiger Service, der wirklich nützliche Möglichkeiten bereithält, etwa die Echtzeit-Synchronisierung von Mailkonten, Kalendern, Lesezeichen, Passwörtern und Kontakten auf unterschiedlichen Geräten mithilfe der Push-Technik. Außerdem erhalten Sie dank iDisk Lese- und Schreibzugriff auf ein virtuelles Laufwerk unabhängig von Ihrem Aufenthaltsort.

Für das MobileMe-Jahresabo verlangt Apple allerdings 79 Euro pro Lizenz. Über Drittanbieter oder eBay ist der Spaß schon für ca. 50 Euro zu haben. Die Frage lautet: Ist MobileMe sein Geld wert? Die Antwort: Das kommt auf den Nutzer an. Besitzen Sie mehrere Geräte wie zum Beispiel iPhone, iPod touch, Notebook, PC und iPad? Dann sind Ihre Euros bei MobileMe perfekt angelegt. Noch nie war es einfacher, Kontakte, Mailkonten und Daten auf mehreren Geräten zu verwalten. Dazu eine virtuelle Festplatte (iDisk), die 2 GByte Speicher bietet und über jedes Ihrer MobileMe-Geräte Zugriff bietet. Sollten Sie gerade keines Ihrer Geräte greifbar haben, können Sie über jeden Webbrowser an iDisk und Ihr Mailkonto gelangen. Quasi als Sahnehäubchen lassen sich über den Browser sogar iPad und iPhone lokalisieren und aus der Ferne löschen.

Mail, Kalender und Kontakte abgleichen

Mit MobileMe ist es nicht mehr nötig, Kontakte oder Termine via iTunes auf iPhone, iPod touch oder iPad zu übertragen. Alles wird per Push-Technologie in Echtzeit synchronisiert.

Jede Veränderung in Ihren Kontakten wird also automatisch auf alle registrierten Geräte angewendet. Auf Lesezeichen und Notizen trifft dies auch zu. Fü-

gen Sie auf dem iPad ein Lesezeichen hinzu, wird es von allen anderen Geräten ebenfalls übernommen.

Andere

Ihre Lesezeichen werden drahtlos von MobileMe mit Ihrem iPad synchronisiert.
Die Sync-Einstellungen für die drahtlose Übertragung können auf Ihrem iPad geändert werden.

☐ Notizen synchronisieren

Zugriff immer und überall

Ihr MobileMe-Konto können Sie über jeden Internetbrowser nutzen. Einfach auf Me.com einloggen und schon können Sie auf iDisk zugreifen und damit auf E-Mails, Fotos und eigene Webseiten, Sie können Dateien für Dritte freigeben und vieles mehr.

Fast perfekte iPad-Integration

Der Service scheint dem iPad wie auf den Leib geschneidert. Nicht nur die Nutzung ist kinderleicht, sondern auch das Einrichten in wenigen Minuten erledigt. Es ist aber nicht alles perfekt: Die Apps Galerie und iDisk sind noch nicht für das iPad optimiert. Sie funktionieren zwar problemlos, laufen aber mit niedriger Auflösung.

Die Funktion „Finde mein iPad"

MobileMe-Abonnenten können das iPad in nur wenigen Sekunden über einen Internetbrowser lokalisieren. Das ist zum Beispiel im Falle eines Diebstahls nützlich.

Fernsperre und Fernlöschung

Im Falle eines Diebstahls können Sie eine Nachricht verfassen, die dann umgehend auf dem Display des iPads erscheint. Wenn gar nichts mehr hilft, lässt sich das iPad via MobileMe sogar sperren und löschen.

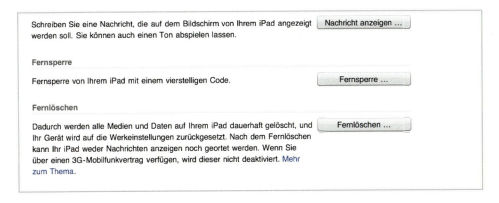

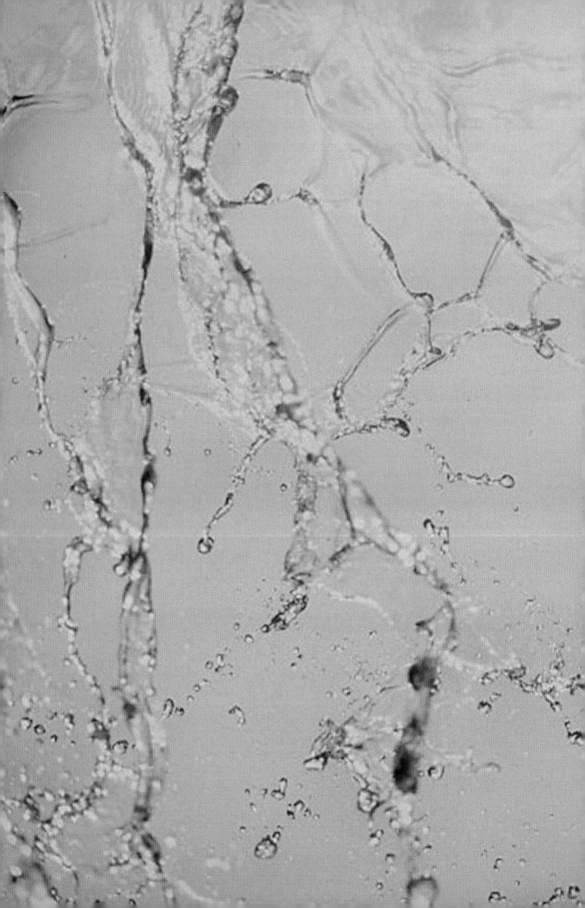

5. Das iPad als der perfekte Multimedia-Computer

5.1 Einfach genial: Fotos-App

5.2 Der Videoplayer

5.3 iPod: Musik, Podcasts und Musikvideos

5.4 YouTube für das iPad – YouTube de luxe

5.5 iTunes: Inhalte kaufen und laden

Die Paradedisziplin des iPads ist sicherlich die Präsentation aller Medieninhalte. Mit wenigen Klicks nutzen Sie Musik, Bilder und Fotos, wie Sie es noch nie für möglich gehalten haben.

5.1 Einfach genial: Fotos-App

Die App Fotos vereint alle Tugenden des iPads und verleiht der computerbasierten Bildbetrachtung eine neue Qualität. Will man Technikmuffel von Apples neuem Gadget überzeugen, ist eine Demonstration dieser App der ideale Weg.

Wenn Ihr Partner erbost ist, weil ein „weiterer Computer die Wohnung verschandelt", nutzen Sie die Fotos-App als trojanisches Pferd. Keine andere App verkörpert das Wesen von Apples Tablet in so reiner Form. Es macht iPad-Skeptiker zu iPad-Jüngern.

Die Bedienung ist schnell erlernt

Der Schnellsuche-Balken am unteren Rand des Bildschirms ermöglicht das blitzschnelle Durchsuchen Ihrer Fotosammlung, indem Sie mit dem Finger die Leiste entlangfahren. Wenn Sie ein Foto antippen, wird es im Vollbildmodus präsentiert.

Tippen Sie es gleich noch mal an, verschwinden die Bedienelemente und Sie können das Bild in voller Pracht bewundern. Wollen Sie die Bedienelemente wieder aufrufen, berühren Sie das Foto erneut und schon tauchen die Elemente wieder auf. Um das Bild zu vergrößern, klicken Sie zweimal schnell hintereinander.

Verkleinern und vergrößern lässt sich die Ansicht auch, indem Sie den Bildschirm mit zwei Fingern berühren und das Bild kneifen bzw. auseinanderziehen.

Auf diese Weise können Sie Bilder übrigens auch öffnen oder schließen. Wenn Sie sich in der Albenansicht befinden, können Sie die einzelnen Stapel ebenfalls durch „Kneifbewegungen" öffnen und schließen. Indem Sie das ganz langsam machen, können Sie sogar in Alben hineinspitzen, ohne diese zu öffnen.

Ist ein Foto geöffnet, klicken Sie kurz das Symbol oben rechts an, um ein Auswahlmenü aufzurufen. Hier können Sie das Bild kopieren, per E-Mail senden, dem MobileMe-Ordner hinzufügen oder als Hintergrundbild wählen.

Vorteile für iPhoto-Besitzer

Mac-User, die zum Synchronisieren der Fotos
die Software iPhoto benutzen, haben einige Vorteile. In iPhoto lassen sich Bilder nämlich unter anderem bestimmten Orten und Ereignissen zuordnen. Deshalb finden sich dann in der Fotos-App auf dem iPad auch die Menüpunkte *Ereignisse* und *Orte*.

Über *Ereignisse* werden Ihre Fotos in Bilderstapel aufgeteilt, die nach Datum sortiert sind. Der Punkt *Orte* zeigt eine Weltkarte, auf der sich Stecknadeln befinden. Diese roten Markierungen symbolisieren Ihre Fotos.

Klicken Sie eine Stecknadel an, werden die dort aufgenommenen Fotos aufgerufen. Ein tolles Feature, das aber tatsächlich nur iPhoto-Usern vorbehalten ist. Wir haben zu Testzwecken diverse Geotag-Fotos per E-Mail und via iTunes aufs iPad übertragen. Ohne Erfolg!

Fotos ohne iTunes auf das iPad laden

Auf Seite 68 wird beschrieben, wie Sie Fotos via iTunes synchronisieren, per E-Mail in die Mediathek übernehmen etc. Es gibt aber weitere Möglichkeiten, um Bilder auf das iPad zu übertragen. Zum einen über Apples Camera Connection Kit, das Ihr iPad mit SD-Karten und Kameras verbindet. Am einfachsten geht's aber mit Gratissoftware wie zum Beispiel dem iPhone Explorer.

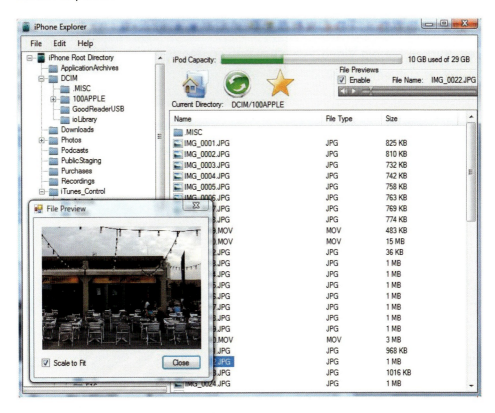

iPhone Explorer ist eine kostenlose Software für Mac- und Windows-PCs. Damit erhalten Sie Zugriff auf die Daten- und Ordnerstruktur Ihres iPads. So können

Sie durch die Ordner klicken und Dateien (z. B. Fotos) per Drag & Drop übertragen. Das iPad wird quasi wie ein Wechseldatenträger erkannt. Sie erhalten den kostenlosen iPhone Explorer unter folgender Adresse: *http://www.macroplant.com/iphoneexplorer.*

5.2 Der Videoplayer

Die App Videos beschränkt sich wirklich auf ein absolutes Minimum an Optionen. Sie können im Startfenster entweder Ihre Filme oder Videopodcasts anzeigen lassen. Klicken Sie ein Video an, öffnet sich eine Detailansicht.

Handelt es sich um einen via iTunes gekauften oder ausgeliehenen Film, können Sie sich Inhalt und Kapitel anzeigen lassen, indem Sie die entsprechend benannten Buttons in der Mitte oben drücken.

Was ist Scrubbing?

Wenn Sie sich ein Video ansehen, können Sie über die sogenannte Scrubbing-Leiste vor- und zurückspulen. Das funktioniert übrigens nicht nur im Videoplayer, sondern auch in der iPod-App.

> **Wichtiger Hinweis zum Scrubbing:**
>
> Wenn Sie den Finger beim Scrubbing nach unten bewegen, verringern Sie die Geschwindigkeit und erhöhen somit die Genauigkeit. So lässt sich die gewünschte Stelle im Film viel einfacher lokalisieren.

Hier finden Sie die Videooptionen

Versuchen Sie gar nicht erst, in der App selbst irgendwelche Einstellungen zu finden. Es gibt dort nämlich keine, was völlig unverständlich ist. Stattdessen öffnen Sie über den Homescreen die Option *Einstellungen* und klicken auf *Video*. Stellen Sie den Menüpunkt *Wiedergabe* am besten auf *Ab letztem Stopp*.

Auf diese Weise starten Sie jeden Film genau an der Stelle, die Sie zuletzt gesehen haben. *Erweiterte Untertitel* aktiviert ganz einfach Untertitel (falls vorhanden). Die Optionen *Breitbild* und *TV-Signal* sind von Interesse, wenn Sie das iPad per Kabel an einen Bildschirm oder Projektor anschließen.

Wenn das Ausgabegerät das 16:9-Format unterstützt, dann aktivieren Sie die Option *Breitbild*. Ist das Ausgabegerät nur mit dem PAL-Standard kompatibel, so wie viele ältere TV-Geräte, dann stellen Sie die Option *TV-Signal* auf *PAL*. Wich-

tig: DRM-geschützte HD-Inhalte, wie sie auch im iTunes Store erhältlich sind, lassen sich nicht über externe Displays ausgeben.

Eigene Videos konvertieren und auf das iPad übertragen

Auf Seite 61 erfahren Sie, wie Sie eigene Videos in ein iPad-kompatibles Format konvertieren und per iTunes übertragen.

5.3 iPod: Musik, Podcasts und Musikvideos

Die iPod-App gibt sich genauso unprätentiös wie der Videoplayer des iPads. Seltsam: Mit iPhone und iPod touch darf man via Cover Flow durch die virtuelle Plattenkiste blättern, aber dem iPad fehlt diese Option.

Wiedergabelisten erstellen und verwalten

Der Großteil der Bedienung erklärt sich von selbst. Widmen wir uns deshalb den relevanten Punkten.

Klicken Sie unten links auf das Plussymbol, um eine Wiedergabeliste zu erstellen. Geben Sie nun den Titel für diese Liste ein.

Jetzt klicken Sie einfach die gewünschten Titel an, um diese in die Wiedergabeliste zu packen. Oben links können Sie via *Quellen* die zur Wahl stehenden Titel nach Art des Mediums filtern. In der Leiste ganz unten drücken Sie auf die entsprechend benannten Felder, um die Dateien nach Interpret, Album, Genre oder Komponist zu gliedern.

Genius: automatische Wiedergabelisten

Das Erstellen eigener Wiedergabelisten ist ja ganz praktisch, aber warum nicht überraschen lassen? Aktivieren Sie die Genius-Option in iTunes (Seite 68), um den „automatischen DJ" auf dem iPad zu nutzen. Wenn Sie einen Titel anklicken und danach den Genius-Button (links in der Spalte), dann wird automatisch eine Liste passender Tracks erstellt.

Podcasts anhören und ansehen

Nein, es ist kein Tippfehler. Auch in der iPod-App finden sich Videos – wenn auch nur Musikvideos und Videopodcasts. Allerdings öffnet sich automatisch die

Videos-App, sobald Sie etwa einen Videopodcast anklicken. Wollen Sie nach dem Ansehen des Videos wieder Musik hören, müssen Sie die App beenden und erneut die iPod-App öffnen. Ganz schön umständlich.

iPod-Optionen optimieren

Auch die iPod-Optionen finden Sie nicht in der App selbst, sondern unter *Einstellungen*. Klicken Sie dort auf das iPod-Symbol, um Änderungen vorzunehmen. *Lautstärke anpas-*

sen gleicht Lautstärkeschwankungen aus und sorgt somit für einen gleichmäßigen Pegel. Weil dies in Echtzeit geschieht, verbraucht diese Option mehr Akkuleistung. Dies gilt auch für die Option *Equalizer*. Über den Punkt *Maximale Lautstärke* setzen Sie ein Lautstärkelimit – auf Wunsch sogar mit Code-Sperre. *Text- & Podcast-Infos* aktiviert informelle Texte, die sich in manchen Dateien befinden. So sehen Sie in entsprechend erstellten Podcasts etwa, welches Lied gerade läuft, oder erhalten Informationen genereller Natur.

5.4 YouTube für das iPad – YouTube de luxe

Das iPad unterstützt zwar keine Flash-Videos, aber auf YouTube müssen Sie trotzdem nicht verzichten. Genau genommen bietet das iPad das wohl komfortabelste You-

Tube-Erlebnis überhaupt. Dem User werden keine Features vorenthalten und dennoch ist die Bedienung intuitiv und einfach. Die wichtigsten Optionen erklären wir Ihnen hier.

> **Eine Frage des Formats**
>
> Die YouTube-App ändert ihr Layout, je nachdem, ob Sie das iPad im Landscape-Modus (Querformat) oder im Porträtmodus (Hochformat) halten. In diesem Kapitel beziehen wir uns immer auf den Landscape-Modus.

Unbedingt registrieren

Um die YouTube-Applikation in vollem Umfang nutzen zu können, müssen Sie sich ins YouTube-Konto einloggen. Sie haben noch gar keins? Dann registrieren Sie sich kurz. Dies geht allerdings nur auf der YouTube-Webseite und nicht innerhalb der App. Besuchen Sie *http://www.youtube.de* und klicken Sie oben rechts auf *Konto erstellen*. Folgen Sie den Anweisungen, und wenn alles erledigt ist, öffnen Sie die YouTube-App.

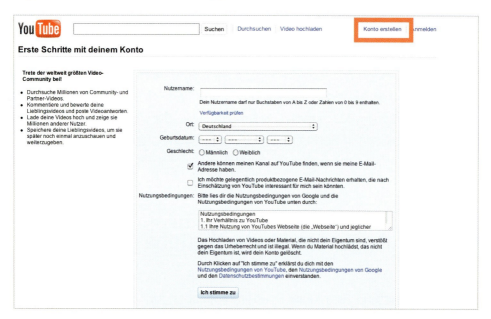

Die wichtigsten Features für Mitglieder

Klicken Sie oben links auf *Anmelden* und geben Sie Ihre Zugangsdaten ein. Nur wer eingeloggt ist, darf Kommentare schreiben, Clips bewerten, Favoriten anlegen, Kanäle abonnieren etc.

Über die Icons ganz unten gelangen Sie zu den unterschiedlichen Fenstern. So filtern Sie die Ansicht nach aktuellen Highlights, den meistgesehenen und am besten bewerteten Clips, *Favoriten* ruft Ihre Lieblingsvideos auf, *Abos* öffnet Ihre Abonnementseite und *Meine Videos* zeigt Ihre eigenen Uploads an. Praktisch ist auch die Option *Verlauf*, da hier quasi eine Chronik Ihrer YouTube-Besuche gespeichert wird.

Favoriten anlegen, Links senden, bewerten und melden

Sind Sie eingeloggt und sehen sich ein Video an, müssen Sie nur das Bild berühren, um das Menü oben aufzurufen. Klicken Sie hier auf *Hinzufügen*, um das Video in Ihren Favoriten zu speichern. *Senden* öffnet eine E-Mail und fügt dort die URL (Adresse) des Videos ein.

Also ideal, um Freunde auf tolle Clips aufmerksam zu machen. *Bewerten* erlaubt das Vergeben einer Sternewertung und mit *Melden* informieren Sie YouTube-Mitarbeiter über anstößige Inhalte.

Die Seitenleiste und ihre Funktionen

Wenn Sie sich ein Video ansehen, finden Sie in der rechten Spalte die folgenden Buttons: *Ähnlich* zeigt ähnliche Clips an, *Mehr von* präsentiert weitere Clips desselben Mitglieds/Uploaders. *Kommentare* zeigt Kommentare zum aktuell laufenden Clip. Hier dürfen Sie natürlich auch selbst Ihre Meinung kundtun. Einfach das Textfeld berühren, Nachricht tippen und absenden!

So löschen Sie Abos und Favoriten

Wenn Sie sich im abonnierten Videokanal befinden und das Abo beenden möchten, klicken Sie in der rechten Spalte einfach auf den Button *Abo beenden*. Sie können auch in der Leiste ganz unten auf *Abos* klicken, dann auf *Bearbeiten* und dort die nicht mehr erwünschten Abonnements direkt aus der Liste löschen. Mit den Favoriten funktioniert das ähnlich, allerdings müssen Sie dort auf *Bearbeiten* klicken und dann auf das X-Icon, um einen Clip aus den Favoriten zu entfernen.

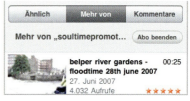

Eigene Videos auf YouTube hochladen

Um eigene Videos hochzuladen, müssen Sie die App Fotos öffnen und ein Video auswählen. Nun klicken Sie auf das Symbol oben rechts (siehe Abbildung) und dann auf *An YouTube senden*. Daraufhin wird das Video automatisch komprimiert und für YouTube angepasst.

Bevor Sie Ihren Clip hochladen, müssen Sie ihn benennen. Außerdem haben Sie die Möglichkeit, eine Beschreibung hinzuzufügen und Tags zu vergeben. Tags sind wichtig, damit Ihr Video von mehr Usern gefunden wird. Wenn auf Ihrem Video zum Beispiel eine Katze zu sehen ist, die auf dem iPad Tetris spielt, geben Sie Tags

an wie „Tetris", „Lustig", „Katze" oder „iPad". Gibt ein YouTube-Besucher einen dieser Begriffe im Suchfeld ein, wird Ihr Video unter den Ergebnissen gelistet.

5.5 iTunes: Inhalte kaufen und laden

Wir haben Ihnen unter anderem gezeigt, wie Sie auf Ihrem PC Podcasts via iTunes abonnieren oder Videos kaufen und aufs iPad übertragen.

Während iTunes auf dem Rechner viele Funktionen vereint, ist es auf dem iPad „nur" ein Marktplatz für digitale Medien.

Die wichtigsten Elemente

Die Leiste ganz unten enthält folgende Buttons: *Musik* zeigt Musikangebote, *Filme* zeigt Kauf- und Leihvideos, *TV-Sendungen* listet Serien, Dokus und andere TV-Formate, *Podcasts* zeigt sowohl Audio- als auch Videopodcasts, *Hörbücher* offenbart eine gigantische Audio-Book-Auswahl und unter *Downloads* können Sie aktuell laufende Downloads checken.

Die Leiste am oberen Ende beherbergt ebenfalls diverse Felder. *Genres* erlaubt das Filtern nach Kategorien, *Vorgestellt* zeigt Empfehlungen von iTunes, *Top-Charts* die meistverkauften Titel und *Genius* liefert maßgeschneiderte Empfehlungen.

Genius: der virtuelle Einkaufsberater

Egal, ob Sie sich gerade im Film-, TV- oder Musikbereich von iTunes befinden, ein Klick auf den Genius-Button (Kopfleiste) listet Einkaufstipps, die Ihren Hör- und Sehgewohnheiten entsprechen. Per Daumen hoch- oder Daumen runter-Button können Sie die Empfehlung bewerten und die Genius-Funktion somit immer weiter verfeinern.

iTunes-Gutschein einlösen

iTunes-Gutscheine sind immer ein tolles Geschenk – vor allem, wenn man selbst der Beschenkte ist. Um den Gutschein auf dem iPad einzulösen, müssen Sie in iTunes ganz nach unten scrollen, bis das Feld *Einlösen* zu sehen ist. Anklicken, Code eingeben und Guthaben verprassen!

Synchronisierung

Wenn Sie auf dem iPad via iTunes Inhalte gekauft oder geladen haben, werden diese bei der nächsten Synchronisierung automatisch auf den Rechner übertragen und damit der Sicherung hinzugefügt.

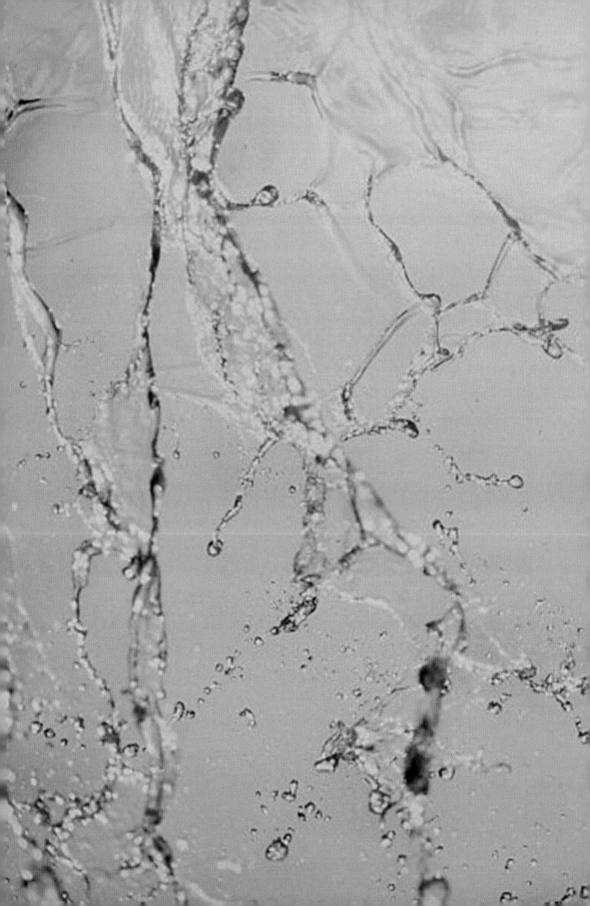

6. Der App Store

6.1 So finden Sie sich zurecht

6.2 Bevor Sie Apps kaufen …

Das Herz des iPads ist ohne Zweifel der App Store. Hier finden Sie für alles eine App! Damit Sie die besten Ergebnisse erzielen, müssen Sie allerdings ein paar Tipps beherzigen.

6.1 So finden Sie sich zurecht

Während die App-Abteilung im iTunes Store eher unübersichtlich ist, ist das Softwareshopping via iPad weitaus angenehmer. Der App Store auf dem iPad ist weniger zerklüftet und einfach hübscher anzusehen. Sie werden sich dort schnell zurechtfinden, wenn Sie unsere Tipps befolgen.

Ganz oben im App Store finden Sie die drei Schaltflächen *Neu*, *Topaktuell* und *Datum*. Diese Bezeichnungen wurden von Apple irgendwie unglücklich gewählt. Ist *Topaktuell* denn viel aktueller als „Neu" oder doch nicht? Letztlich werden dem User in beiden Fällen aktuelle Empfehlungen von Apple vorgesetzt. Wer Apps wirklich nach Erscheinungsdatum auflisten will, klickt einfach oben auf den *Datum*-Button. Unten sehen Sie vier Buttons: *Highlights*, *Top-Charts*, *Kategorien* und *Updates*. *Highlights* hält erneut Empfehlungen bereit, *Top-Charts* listet die meistgeladenen Apps auf und *Kategorien* gliedert die Apps nach Genre. Unter *Updates* sehen Sie praktischerweise, ob für bereits geladene Apps Aktualisierungen vorliegen.

Was viele User nicht wissen: In der Rubrik *Top-Charts* hat der Button *Kategorien* eine andere Bedeutung als auf der Shop-Startseite. In *Top-Charts* lassen sich über *Kategorien* die meistgeladenen Apps für jede Rubrik anzeigen.

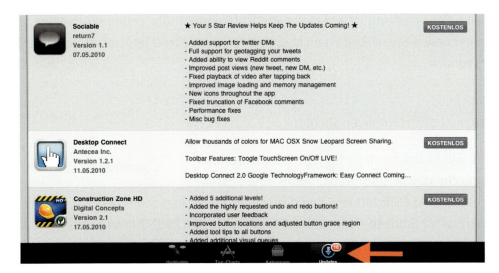

Im Menü *Updates* sehen Sie bei jeder App einen Button, der mit dem Preis des Updates beschriftet ist. In der Regel sind Updates kostenlos, darum lautet die Aufschrift auch meistens *Kostenlos*.

Einfach anklicken und schon wird die App aktualisiert. Wenn mehrere Updates vorliegen, klicken Sie ganz oben rechts auf *Alle aktualisieren*.

6.2 Bevor Sie Apps kaufen ...

..., sollten Sie unbedingt ein paar Schritte beherzigen, damit Sie Ihr Geld nicht zum Fenster hinauswerfen.

Immer erst die Bewertungen prüfen

Bevor Sie eine App kaufen, sollten Sie immer erst die Bewertungen der anderen User in Augenschein nehmen. Hat ein Titel noch nicht so viele Bewertungen, ist ebenfalls Vorsicht geboten. Die ersten Wertungen zu einer neuen App stammen nicht selten von den Entwicklern selbst und deren Freunden.

Nach Gratisalternativen suchen

Es gibt unzählige Apps für jede Lebenslage und manche davon sind gratis. Wenn eine kostenpflichtige App Ihr Interesse weckt, sollten Sie im App Store deshalb erst mal nach einer Gratisalternative suchen, bevor Sie den Kauf-Button betätigen.

Beispiel: Sie suchen nach einer Twitter-Applikation und kaufen Twittion für 2,39 Euro. Hätten Sie aber weitergesucht, wären Sie auf die Gratisversion von Twitterrific gestoßen. Diese bietet weniger Features, genügt normalen Ansprüchen aber völlig.

Erst Demo- und Lite-Versionen laden

Von vielen Programmen und Spielen gibt es Lite- oder Demoversionen. Bevor Sie eine App kaufen, ist es deshalb immer ratsam, nach einer entsprechenden Lite-Version Ausschau zu halten. Diese Taktik hat bereits viele User vor Fehlkäufen bewahrt.

Dateigröße checken

Wenn Sie ein iPad mit 16 GByte Speicher besitzen, sollten Sie immer vor dem App-Download die Dateigröße prüfen. Schließlich gibt es Apps, die ein GByte Platz und mehr beanspruchen. Die Größeninformation finden Sie immer wenige Zeilen unter dem Kauf-Button.

Brauchen Sie wirklich jede App?

Gerade für frisch gebackene iPad-Besitzer ist die Gefahr des maßlosen App-Shoppings groß. Da möchte man beinahe im Minutentakt auf den Kauf-Button klicken, um die schier grenzenlose Kreativwelt des App Stores kennenzulernen.

Aber: Eine Studie hat ergeben, dass nur 25 % aller geladenen Apps auch einen Tag nach dem Kauf noch mal gestartet werden. Nach 20 Tagen sind es sogar nur noch 5 %. Was sagt uns das? Wir kaufen mehr Apps, als wir tatsächlich nutzen. Wir empfehlen daher etwas mehr Selbstdisziplin im App Store.

Auf nachträgliche Kosten achten

Viele Apps, wie zum Beispiel WeRule oder Trivial Pursuit verfügen über sogenannte Ingame Stores. In diesen Stores können Sie Zusatzinhalte für die App kaufen. Das ist eigentlich ein schöner Weg, um auch auf lange Sicht viel Spaß mit einer App zu haben.

Halten Sie sich aber immer vor Augen: Der Grad zwischen „netter Service" und „freche Abzocke" ist schmal. So kostet zum Beispiel die Navi-/Karten-App Off-Maps nur 1,59 Euro und wird deshalb häufig heruntergeladen.

Leider merken viele User erst nach dem Kauf, dass Sie für Kartendownloads erneut zur Kasse gebeten werden. Ebenfalls wichtig: Lassen Sie Kinder nie unbeaufsichtigt, wenn diese mit iPad-Apps spielen, die Ingame Stores bieten. Das könnte sonst unter Umständen teuer werden.

Vorsicht: Daten sammelnde Apps!

Manche Apps sammeln Daten über Sie und Ihr Gerät. So integrieren viele App-Entwickler die Analysetools von Pinch Media. Deren Code-Modul  übermittelt unter anderem folgende Daten an die Entwickler: Identifikationsnummer, Modell, iPhone OS Version, Name und Versionsnummer der Anwendung.

Außerdem erkennt die Software, ob das Gerät „gejailbreakt" wurde und ob es sich um eine Raubkopie der App handelt. Das ist ja eigentlich nicht weiter schlimm.

Ärgerlich ist aber, dass unter Umständen im Hintergrund auch der Nutzungszeitraum, Aufenthaltsort, Alter und Geschlecht des Users übermittelt werden. Dies ist sogar legal, da iTunes-User bei der Anmeldung dem „Endverbraucher-Lizenzvertrag für lizenzierte Anwendungen" zustimmen müssen.

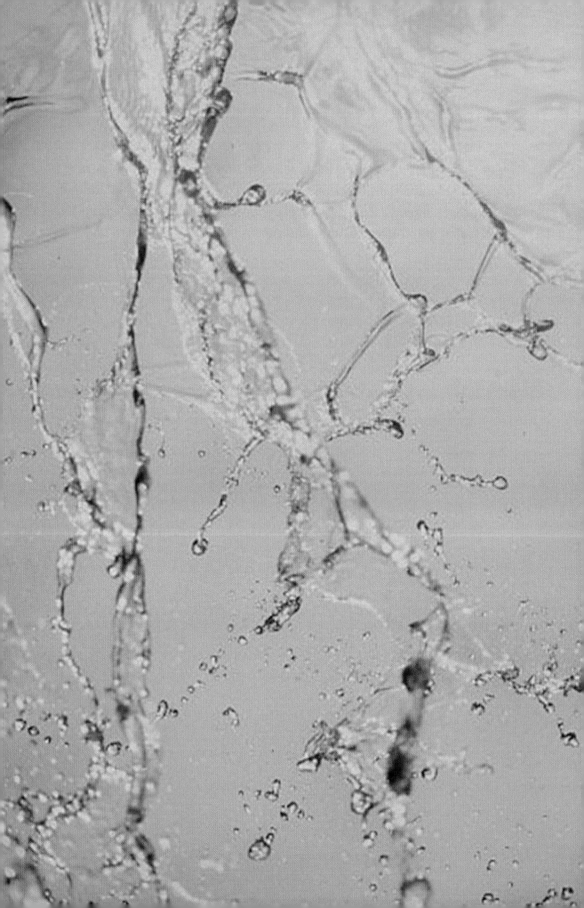

7. 50 unverzichtbare Apps

7.1   Die besten Spiele

7.2   Besser lesen

7.3   Praktische und kreative Tools

Der Autor dieses Ratgebers hat sich natürlich bereits zum US-Verkaufsstart mit einem iPad eingedeckt und seitdem unzählige Apps getestet. Woran man eine gute App erkennt? Ganz einfach: Wenn man sie auch Wochen nach dem Download noch freiwillig benutzt. Viele Apps erscheinen uns beim Kauf wie der heilige Gral, doch 24 Stunden später erinnert man sich nicht mal mehr an den Namen. In diesem Kapitel stellen wir Ihnen deshalb nur jene Apps vor, die uns auch nach Tagen und Wochen begeisterten. Unsere Auswahl beinhaltet keine iPhone-Apps, sondern nur Applikationen, die mit voller Auflösung auf dem iPad laufen.

7.1 Die besten Spiele

Einen ganz besonderen Charme versprüht das iPad als Spielekonsole. Wenn Sie sich eines dieser Spiele herunterladen, legen Sie das Tablet garantiert nicht mehr so schnell aus der Hand.

Glyder 2 for iPad

Es gibt im App Store viele aufregende Spiele, die schnelle Reaktionen fordern, und fast noch mehr Denkspiele und Puzzles, die eher die grauen Zellen beanspruchen. Glyder 2 gehört zu keiner der Kategorien. Man könnte es am besten als „Relax-Spiel" bezeichnen. Sie gleiten mit einer geflügelten Figur durch die 3-D-Welt, auf der Suche nach Kristallen, Geheimnissen, Schätzen und Aufwinden, die dem Sinkflug entgegenwirken. Ihren Drachenflieger steuern Sie durch die Neigung des iPads. Das sanfte Gleiten durch die fantasievollen Welten hat einen ungemein entspannenden Charakter.

Angry Birds HD

Auf dem iPhone gehörte es schon zu den besten Games überhaupt und die iPad-Version ist dank höherer Auflösung und besseren Handlings ebenfalls ein Pflichtkauf. Mit einer überdimensionalen Schleuder katapultieren Sie diverse Vögel durch die Lüfte, um Eierräubern den Garaus zu machen.

Ein genial einfaches Konzept, das den Spieler nicht ruhen lässt, bis auch der letzte Level gelöst ist. Selbst wenn man alle Aufgaben abgeschlossen hat, bietet das Spiel durch die Medaillenjagd weitere Motivation. Schade nur, dass Besitzer der iPhone-Version noch mal den vollen Preis für die App berappen müssen.

Pinball HD

Vermissen Sie nicht auch die alten Zeiten, in denen man noch in fast jeder Kneipe um die Ecke richtig schön flippern konnte? Kein Grund mehr, der Vergangenheit nachzutrauern, denn diese App bringt klassisches Pinball-Feeling auf das iPad.

Mit drei unterschiedlichen Flippertischen, einer eindrucksvollen Grafik und realistischer Kugelphysik bietet Pinball HD alles, was eine Pinball-Simulation bieten muss. Ein Zeitfresser de luxe!

Virtual Pool HD

Bestimmte Spiele-Genres passen besonders gut zur iPad-Hardware. Virtual Pool HD gehört definitiv zu dieser Kategorie. Die Touchscreen-Eingabe macht die virtuellen Billardpartien zur natürlichsten Sache der Welt.

Dabei ist das Spiel auch grafisch toll umgesetzt, bietet eine tolle 3-D-Ansicht des Tisches und kann mit Karrieremodus und Mehrspieler-Vergnügen punkten.

Real Racing HD

Dieses Spiel klärt eindrucksvoll, warum selbst Hardcore-Gamer ihre PSP- und DS-Handhelds verstauben lassen. Wer will schon ein ausgewachsenes Rennspielspektakel auf einem Fuzzel-Bildschirm daddeln, wenn er es auch auf dem iPad-Screen genießen kann?

Real Racing HD erinnert an Titel wie Gran Turismo oder Forza Motorsport und ist sowohl grafisch als auch spielerisch über jeden Zweifel erhaben. 7,99 Euro sind nicht wenig, aber PSP- und Nintendo-DS-Besitzer zahlen für halb so gute Rennspiele meistens das Vierfache. Wer auch nur ein kleines bisschen für Rennspiele übrig hat, wird dieses Spiel sofort ins Herz schließen.

Warpgate HD

In Warpgate HD erobern Sie das Universum in Ihrem Raumschiff, erfüllen Forschungsmissionen, betreiben Handel, bauen Rohstoffe ab, liefern sich heiße Weltraumschlachten und erkunden 36 Sternensysteme – inklusive 120 unterschiedlicher Planeten. Es gibt fast 200 Schiffsmodelle, 100 Missionen und eine unbegrenzte Zahl von Zusatzaufgaben.

Wer Spiele wie Master of Orion oder Galactic Civilizations mochte, der dürfte Warpgate HD förmlich verschlingen.

Command & Conquer: Alarmstufe Rot

Die Command & Conquer-Reihe gehört zu den populärsten Spieleserien überhaupt und auch die iPad-Version des Strategiekrachers Alarmstufe Rot unterstreicht diesen Anspruch. Basen bauen, Ressourcen ernten, Feldzüge planen und Massenschlachten anführen!

Mit einem Preis von 10,49 Euro ist die App nicht gerade günstig, dafür bietet der Titel eine Spieltiefe, bei der nicht viele Konkurrenten mithalten können. Sogar an einen Mehrspielermodus via Bluetooth und WLAN hat Electronic Arts gedacht.

10 Pin Shuffle

10 Pin Shuffle ist einer von diesen Titeln, die einem beim App-Store-Besuch nicht sofort ins Auge stechen. Er beinhaltet gleich drei unterschiedliche Spiele:

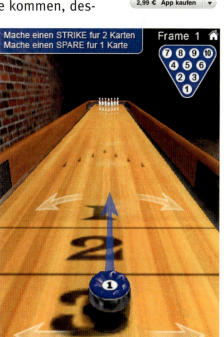

✦ 1. Shuffleboard: Hier schubsen Sie einen Puck über das Spielfeld, und je näher Sie der Kante kommen, desto mehr Punkte gibt es. Rutscht der Puck zu schnell und fällt hinten über die Kante, bekommen Sie gar nichts.

✦ 2. Shuffle Bowling: Schon mal gekegelt mit einem Puck statt einer Kugel? Genau das erwartet Sie hier.

✦ 3. 10 Pin Poker: Eine Mischung aus Pokern und Shuffle Bowling, was dämlich klingt, aber unheimlich spaßig ist. Vor allem mit menschlichen Mitspielern ist diese App eine Wucht.

Cogs HD

Sie stehen auf Puzzle und harte Kopfnüsse? Dann sollten Sie Cogs HD unter die Lupe nehmen. Hier müssen Sie nicht nur Schalter- und Verschieberätsel lösen, um verrückte Ma-

schinen zum Laufen zu bringen, sondern auch noch um die Ecke denken, weil die dritte Dimension ein wichtiger Teil der Spielmechanik ist. Selbst wer sich in der Regel von Videospielrätseln unterfordert fühlt, wird sich hier stundenlang festbeißen. Genreneulinge seien also gewarnt!

Brothers in Arms 2: Global Front HD

Ego-Shooter gehören zu den Genres, die bedingt durch die Steuerung nicht ganz so iPad-tauglich sind. Ubisoft und Gameloft haben die bekannte Shooter-Reihe Brothers in Arms aber tatsächlich mehr als ordentlich auf Apples Flachmann transformiert. Sie schießen und bomben sich den Weg durch ein eindrucksvolles World War II-Szenario und

erfreuen sich dabei an der spielerischen Abwechslung und der tollen Grafik. Selbst Fahrzeuge und Geschütze können bemannt werden.

Im Mehrspielermodus dürfen Sie sich überdies via Bluetooth- oder WLAN-Verbindung mit anderen Hobby-Soldaten messen.

Scrabble

Die digitale Variante eines klassischen Brettspiels kann nur in seltenen Fällen mit dem Original mithalten. Bei Scrabble für das iPad ist das anders. Es ist quasi wie geschaffen für die Touchscreen-Eingabe. Der Clou: Sie können bis zu vier iPhones per Bluetooth mit einem iPad koppeln. So sehen Sie auf dem iPad nur das Spielbrett, während sich die Steinablage jedes Spielers direkt auf seinem iPhone befindet.

Nun lassen sich die Buchstaben-Steinchen direkt vom iPhone auf das iPad schnippen. Aber auch ohne dieses abgefahrene Feature ist Scrabble eine absolute Spaßgranate –für Solisten und bis zu vier Spieler.

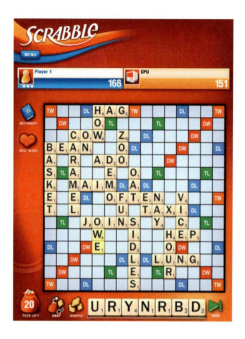

Flick Fishing

Wer es nicht selbst gespielt hat, wird die Faszination von Flick Fishing nicht nachvollziehen können. Wenn Sie aber nach minutenlangem Kampf Ihren ersten Schwertfisch aus der See ziehen und stolz sein Foto auf Facebook präsentieren, dann hängen Sie selbst am Haken. Das Spiel bietet mehrere Schauplätze, authentisches Zubehör und diverse Fischarten. Fehlt nur noch ein Ventilator, der die Brise simuliert, und ein Assistent, der Sie beim Angeln nass spritzt.

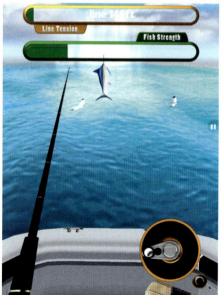

Mirror's Edge

10,49 Euro für ein iPad-Spiel zu verlangen, ist schon sehr viel. Wenn es sich dabei aber um ein derart gutes und einzigartiges Produkt handelt, kann man schon mal ein Auge zudrücken. In Mirror's Edge müssen Sie als taffe Runnerin Faith durch gefährliche Levels voller Hürden und Feinde flitzen, um den Ausgang zu erreichen. Dabei setzt Faith

akrobatische Manöver ein, die jedem Zirkuskünstler zur Ehre gereichen würden. Während die Heimkonsolen-Fassung den normalen Spieler mit einer überkomplizierten Steuerung zur Weißglut brachte, ist die iPad-Variante sehr intuitiv zu bedienen.

Labyrinth 2 HD

Labyrinth 2 HD gehört zur Sparte „besser, als es auf den ersten Blick aussieht". Wenn Sie uns nicht glauben, dann laden Sie sich zuerst die kostenlose Lite-Version herunter. Sie steuern eine Kugel durch unterschiedliche Labyrinthe, indem Sie das iPad entsprechend neigen. Durch einen tollen Tiefeneffekt vergisst man schon bald, dass man vor einem LCD-Bildschirm sitzt, und glaubt, ein echtes Holz-Labyrinth in den Händen zu halten. Allein und in der Gruppe ein echter Spaß!

Kreuzworträtsel Pro XL HD

Das gute alte Kreuzworträtsel darf natürlich in so einer Aufzählung nicht fehlen. Diese App enthält gleich 750 Rätselseiten in drei Schwierigkeitsstufen.

Dabei verzichtete man auf modernen Schnickschnack und liefert Grübelfans das Lieblingsfutter in seiner reinsten Form. Selbst die hellsten Köpfe werden an dieser App monatelang zu knabbern haben.

Bruce Lee Dragon Warrior HD

Die unsterbliche Martial-Arts-Ikone tritt mit neun weiteren Haudegen in einem grafisch eindrucksvollen Prügelspiel auf. Im Gegensatz zu Genrevertretern auf anderen Konsolen müssen Sie keine unzähligen Buttons und Spezialmanöver auswendig lernen, da die Steuerung einfach gehalten wurde.

Dennoch ist die Palette umfangreich genug, um Hobby-Fighter auf Dauer zu fesseln. Dieser Titel ist eben leicht zu erlernen, aber schwer zu meistern.

FaceFighter HD Face2Face

Diese App ist auf dem iPhone bereits ein Hit, doch die iPad-Version hat einen entscheidenden Vorteil: Zwei Spieler dürfen auf einem

iPad gleichzeitig gegeneinander antreten! Per geteiltem Bildschirm hauen Sie Kontrahenten windelweich und erfreuen sich an der tollen Kämpfer-Bastelfunktion. Mit wenigen Handgriffen verwandeln Sie ein Foto in einen Fighter, des-

sen Look sich im Kampf laufend verändert – je nachdem, wie viel Backpfeifen das Alter Ego kassiert.

Plants vs. Zombies HD

Dieses suchtfördernde Spiel bekam im App Store bisher 53 User-Bewertungen und von diesen 53 vergaben genau 49 User die vollen fünf Sterne. Das kommt nicht gerade oft vor und sagt viel über die Qualität dieser Spielspaßgranate aus.

Das Prinzip dahinter ist einfach erklärt: Eine Horde Zombies schlurft auf Ihr Heim zu und droht dieses zu überrennen. Sie können den Untoten verschiedene Pflanzentypen in den Weg stellen, die zum Beispiel Projektile feuern, bei Berührung explodieren und so weiter.

Wer nicht richtig mit den Ressourcen haushält und seine Pflanzenarmee ohne taktisches Gespür einpflanzt, sieht auf Dauer kein Land. Packender, kurzweiliger und witziger ist kein anderer Vertreter des Tower-Defense-Genres.

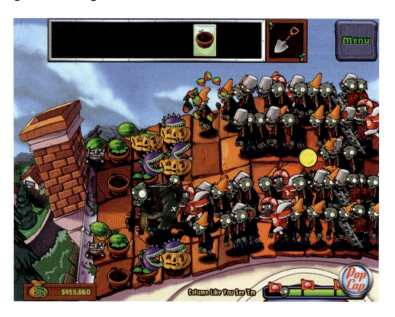

Civilization Revolution

Sid Meiers Civilization-Serie gehört zu den einflussreichsten Spielserien überhaupt. Die iPad-Version des Aufbaustrategie-Klassikers bietet einen sogenannten World/Scenario Creator, der es den Spielern erlaubt, Hunderte verschiedene Szenarien zu erstellen und in die Haut großer Führer der menschlichen Geschichte zu schlüpfen. Selbst

als Ghandi können Sie dem indischen Volk zu wahrer Größe und Reichtum verhelfen. Keine leichte Minutenkost für die U-Bahn, sondern eher etwas für unterhaltsame Stunden auf dem Sofa.

GodFinger

Es ist nicht leicht, ein Gott zu sein, aber wirklich schwer ist es auch nicht. Die App GodFinger ist der Beweis für diese Theorie, denn hier spielen Sie „Schöpfer besiedeln Planeten", erschaffen Regen und Blitze, Sonnenschein, Gebäude und was sonst so zu einem Dasein als Gottheit gehört.

So müssen Sie auch Gläubige um sich scharen, beschützen und versorgen. Über das integrierte Community-System besuchen Sie Planeten anderer Spieler und tauschen Geschenke aus. Das Spiel ist komplett gratis, doch im Ingame Store können Sie echtes Geld in hilfreiche Gegenstände investieren. Ihnen entsteht jedoch kein Nachteil, wenn Sie den Ingame Store ignorieren. Wichtige Info: Beim Spielen wird eine Internetverbindung benötigt.

Dungeon Hunter HD

Kennen Sie Blizzards PC-Rollenspielserie Diablo? Bei Dungeon Hunter HD handelt es sich um einen iPad-optimierten Klon, der Sie nicht ruhen lassen wird, bevor Sie wirklich jedes Monster erschlagen und jeden Schatz entdeckt haben.

Düstere Gewölbe, fantastische Kreaturen, tonnenweise Ausrüstung und tolle Magie-Effekte erwarten den geneigten Rollenspieler.

7.2 Besser lesen

Als Reader unschlagbar: Nehmen Sie das iPad in die Hand, werden Sie Zeitung und Co. so schnell nicht mehr missen. Das iPad spielt als E-Reader gekonnt seine Stärken aus.

iBooks

Es ist ganz einfach: Über iBooks können Sie Bücher kaufen und natürlich auch lesen. Überraschend ist die große Zahl kostenloser Bücher, die viele große Klassiker der Weltliteratur umfasst. Ob man auf einem LCD-Screen wirklich ganze Bücher lesen möchte, ist eine Grundsatzdiskussion, die man an dieser Stelle nicht führen muss.

Das iPad-Display ermüdet die Augen jedenfalls stärker als spezielle E-Book-Reader, die auf E-Ink setzen. Trotzdem ist iBooks eine wundervolle App, die Leseratten umgehend installieren sollten.

GoodReader

Das iPad kann ab Werk zwar PDFs anzeigen, aber Good-Reader ist mehr als nur ein PDF-Reader. Sie können direkt zu den gewünschten Seiten springen, die Suchfunktion nutzen und Lesezeichen anlegen. Kapitel lassen sich natürlich über eine Kapitelübersicht starten. PDFs von einem GByte Größe sind genauso problemlos zu öffnen wie sehr große TXT-Dateien, bei denen andere Programme schnell den Geist aufgeben.

Außerdem: Excel-, Word-, Power-Point-, Web-Archive, Audio-, Videodateien und viele mehr. Übertragen Sie Dateien über das integrierte Serverprogramm via USB und WLAN, und selbst über den Browser können Sie Files herunterladen und auf dem iPad speichern.

Bei all den Features wäre diese App locker 10 Euro wert. Dass sie dennoch nur 79 Cent kostet, setzt dem Ganzen sozusagen die Krone auf.

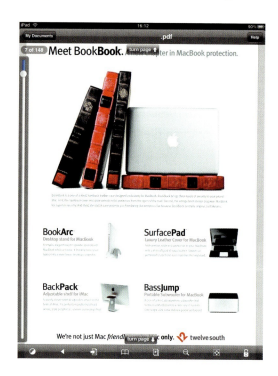

Die Elemente: Bausteine unserer Welt

Es ist schwer, diese App in Worte zu fassen. Stellen Sie sich vor, Sie würden eine Ausstellung besuchen, in der die Bausteine unseres Universums zum Greifen nahe sind. Wenn Sie ein Element anklicken, rotiert es vor Ihren Augen in Großansicht. Auf der rechten Seite des Bildschirms finden Sie Informationen, und ein weiterer Klick treibt das

interaktive Infotainment auf die Spitze. So werden zum Beispiel Gegenstände gezeigt, die ohne das gewählte Element nicht existieren würden.

Diese Objekte lassen sich wiederum mit den Fingern drehen und von allen Seiten begutachten. Wer eine 3-D-Brille hat, lässt sich das Ganze auf Wunsch dreidimensional präsentieren. Genauso muss interaktives Infotainment auf dem iPad aussehen!

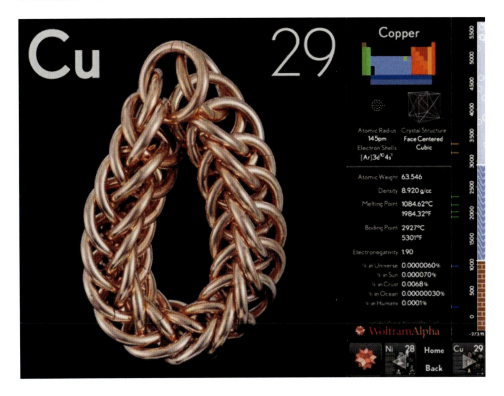

Offline Pages

Diese Gratis-App hilft Kosten sparen. Mit Offline Pages können Sie beim Surfen ganze Artikel/Seiten speichern und diese später offline lesen. So können iPad-User ohne UMTS-Verbindung per WLAN die App mit den gewünschten Artikeln vollstopfen und diese unterwegs ohne Internetverbindung genießen.

Besonders praktisch: Wenn Sie einen Artikel schließen, startet er später genau an derselben Stelle.

IMDb

Die größte Onlinefilmdatenbank gibt es auch für das iPad. Dabei ist IMDb mehr als nur eine Datenbank. Sie können dort Trailer und Bildergalerien ansehen, Charts durchforsten, sich über Kino-, Blu-ray und DVD-Neuerscheinungen informieren, mit anderen Filmfans diskutieren und mehr. Die App wird laufend aktualisiert und ist ideal, um auch unterwegs die Zeit totzuschlagen.

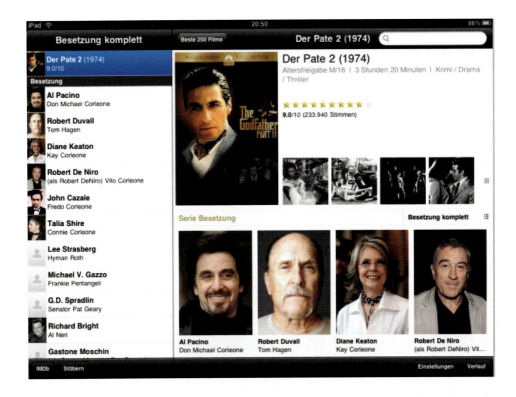

Marvel Comics

Das legendäre Comic-Imperium Marvel liefert mit dieser App eine echte Perle für Fans der (aus)gezeichneten Unterhaltung. Diese App ist kein schnöder Viewer, mit dem Sie sich durch Comic-PDFs klicken. Die Inhalte wurden so modifiziert, dass sie sich quasi auf den Screen „schmiegen". Sie tippen kurz den Bildschirm an, um sich durch die Storys zu bewegen.

Ein interaktives Comic-Erlebnis, wenn man so will. Im Ingame Store gibt es eine Handvoll kostenloser Comics, die die Vorzüge der App sehr schön verdeutlichen. Geld verdient Marvel mit den kostenpflichtigen Inhalten, die mit 1,59 Euro pro „Heft" relativ erschwinglich bleiben.

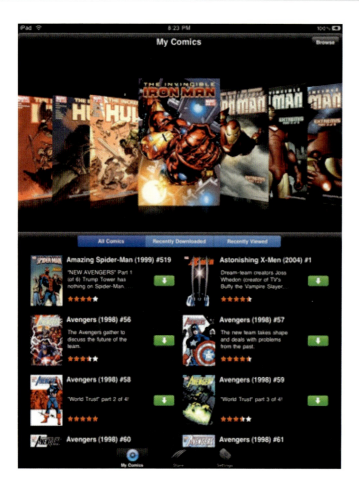

Die Welt HD

Springers renommiertes Blatt ist in App-Form mehr als einen Blick wert. Aufgeräumt, intuitiv zu bedienen und hübsch anzusehen. So muss eine digitale Zeitung aussehen. Komischerweise kostete die App beim Verkaufsstart 3,99 Euro und wurde kurze Zeit später kostenlos angeboten. Nach dem Download dürfen Sie die App einen Monat kostenfrei nutzen. Um danach einen weiteren Monat in den Genuss der digitalen Tageszeitung zu kommen, müssen Sie monatlich 11,99 Euro berappen.

Pulse News Reader

RSS-Reader sind ja ganz nett, aber wieso gibt es keine App, die unsere Lieblingswebsites auf optisch ansprechende Weise zusammenfasst? Aufgeräumt, übersichtlich und einfach zu bedienen? Suchen Sie nicht weiter, denn Pulse News Reader bietet genau das. Sie geben einfach Ihre Lieblingsseiten an und „Pulse" generiert für jede Webseite eine eigene Reihe, die Sie mit dem Finger hin und her schieben, aufziehen und wieder schließen können. Beinahe, als würde Ihnen jemand eine Webseite mit Wunschinhalten auf den Leib schneidern.

BBC News

BBC News ist gratis und bietet trotzdem mehr als die meisten kostenpflichtigen Nachrichten-Apps. Sie können damit nicht nur die aktuellsten Meldungen lesen, sondern auch unzählige Videobeiträge ansehen. Dabei beschränkt sich die App nicht nur auf allgemeine weltpolitische Themen.

BBC News deckt alles ab: Technik, Politik, Wirtschaft, Kultur, Wissenschaft und vieles mehr. Sie können den Startbildschirm sogar an die eigenen Bedürfnisse anpassen. Das Beste kommt aber noch: Wenn Sie oben links auf den Button *Live-Radio* klicken, können Sie beim Lesen auch noch Radio hören. Einziges Manko: komplett in Englisch!

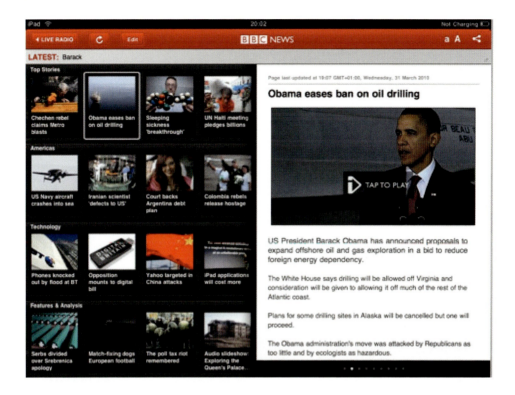

The Early Edition

Neben dem Pulse News Reader gibt es einen weiteren News-Aggregator, der absolut fantastisch ist: The Early Edition. Welche App besser ist? Beide sind gleich gut, bedienen aber jeweils eine andere Zielgruppe. Pulse wirkt futuristisch und geradlinig, während The Early Edition eher einer klassischen Zeitung nachempfunden wurde. Sie kön-

nen die URLs/Webadressen Ihrer Lieblingsseiten und Feeds eingeben und bekommen diese in Form von Zeitungsartikeln auf den Schirm. Mit einem Wisch von rechts nach links blättern Sie auf die nächste Seite.

Dabei dürfen Sie jederzeit auswählen, ob Sie alle Feeds in einer gemischten „Ausgabe" lesen wollen oder doch eher nach Ressorts/Sites getrennt. Wer außerdem die App InstaPaper besitzt, kann Artikel von The Early Paper transferieren und dort ohne Internetverbindung weiterlesen.

Das Foto-Kochbuch – Schnell & Einfach

Dieses digitale Kochbuch ist so praktisch, so aufgeräumt, so hübsch anzusehen! Jedes Rezept beginnt mit einem Foto aller Zutaten und jeder Schritt der Zubereitung ist ebenfalls nett bebildert. Damit man beim Kochen nicht viel herumblättern oder auf Buttons herumdrücken muss, ist die Navigation auf ein Minimum reduziert. Kategorie (Fleisch, Fisch, Vegetarisch, Dessert) und Rezept auswählen, durch die einzelnen Schritte scrollen, fertig!

Schade ist lediglich, dass es nur 60 Rezepte gibt. Zwar bieten viele „echte" Kochbücher auch nicht mehr, aber im Zeitalter von Internetrezeptsammlungen à la Chefkoch.de (146.000 Rezepte) kommt uns die Zahl 60 ziemlich niedrig vor.

The Iconist

The Iconist ist Springers exklusives deutsches Lifestyle-Magazin für das iPad. Mit einer klassischen Zeitschrift hat das Ganze nichts mehr zu tun. Man könnte es eher als Multimedia-Erlebniswelt für Lifestyle-Typen bezeichnen. Alles ist animiert, mit mehreren Lagen versehen und nicht jedes Element sofort ersichtlich.

The Iconist lädt zum Entdecken und Herumklicken ein. Ein wenig zu verspielt manchmal, aber dafür gefällt die Themengewichtung schon in der ersten Ausgabe.

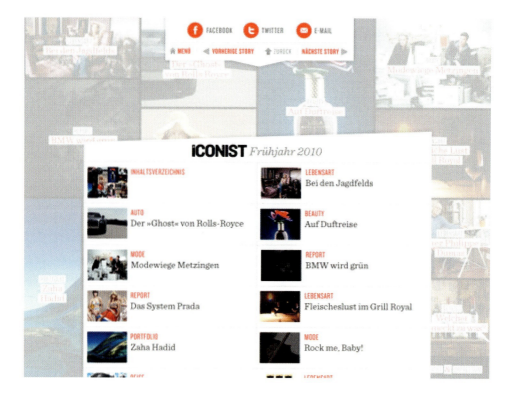

7.3 Praktische und kreative Tools

Nicht nur zum Spielen da: Mit den richtigen Apps verwandeln Sie das iPad in Sekundenbruchteilen in ein richtiges Arbeitstier. Der Vorteil des Tablets: Es macht immer noch einen Heidenspaß!

Air Display

Air Display ist wirklich außergewöhnlich. Es verwandelt das iPad in ein drahtloses Display für Ihren Mac. Es wird sogar in den Systemeinstellungen des Rechners hochoffiziell als zusätzlicher Bildschirm erkannt.

Kurz: Es erweitert Ihren Mac um einen handlichen Touchscreen. Ideal, um Tool-Paletten für Photoshop, Word, Logic, InDesign etc. abzulegen und auszuwählen. Allerdings benötigen Sie mindestens Mac OS 10.6 (Snow Leopard) und Ihr WLAN-Netzwerk sollte auch nicht zu langsam sein.

iWork

Auf dem Mac umfasst die iWork-Familie drei Programme namens Pages, Numbers und Keynote. Quasi die Apfel-Variante von Word, Excel und PowerPoint. Im App Store können Sie die Programme nur einzeln – also nicht im Paket – kaufen.

Für je 7,99 Euro erhalten Sie drei wirklich ausgereifte Worktools, die das iPad in ein vollwertiges mobiles Office verwandeln.

Dateitransfer wird natürlich unterstützt und selbst drahtloser Zugriff ist dank iWork.com möglich. Hier laden Sie einfach Ihre Dokumente hoch und haben dann von überall Zugriff darauf.

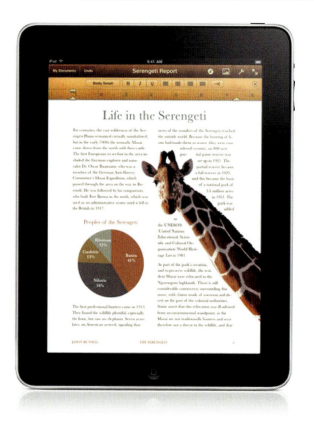

Dropbox

Dropbox kennen Sie vielleicht schon von Ihrem PC oder Mac. Mit diesem Service können Sie bis zu 2 GByte Daten in einem gesicherten Onlineordner ablegen und von überall auf der Welt nutzen. Geben Sie Freunden, Bekannten oder Geschäftspartnern gezielt Dateien frei, erstellen Sie Favoriten für den schnelleren Zugriff und sehen Sie sich Dokumente direkt in der App an.

Installieren Sie am besten Dropbox auch auf Ihrem Desktop-Rechner, um das Dropbox-Erlebnis quasi zu perfektionieren. Wer mehr als 2 GByte Speicher möchte, kann einen Premium-Account anlegen und das Ganze auf 50 GByte erweitern. Das kostet dann knapp 8 Euro monatlich.

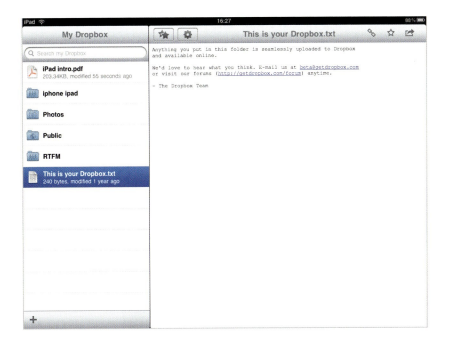

SketchBook Pro

SketchBook Pro ist ein unglaublich vielseitiges Grafikprogramm. Zeichnen, Malen, Nachbearbeiten von Fotos – sogar mit mehreren Ebenen. Kreative Köpfe können dank unzähliger Einstellungen und Werkzeuge wirklich aus dem Vollen schöpfen. Hier werden Ihnen nur durch Ihre Kreativität und das eigene Können Grenzen gesetzt. Ihre Werke können Sie natürlich (via iTunes) zwischen Rechner und iPad transferieren.

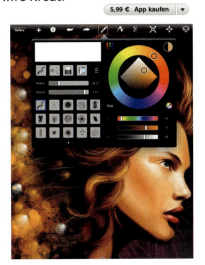

Twitterrific

Es gibt ja Menschen, die bei Twitter gleich mehrere Accounts pflegen und das Ganze als Plattform sehen, mit der man eine Menge Leute erreichen bzw. nerven kann.

Für solche User ist die Gratisversion von Twitterrific nicht geeignet, da hier nur ein einzelnes Konto möglich ist.

Für 3,99 Euro kann man die App aber „hochstufen" lassen und mehrere Konten anlegen. Außerdem verschwindet so das Werbebanner oben im Fenster. Für den Normalgebrauch ist die Gratisvariante unserer Meinung nach völlig ausreichend.

Air Video

Wer 2,39 Euro und fünf Minuten für das einmalige Setup investiert, kann fortan immer und überall auf seine heimische Videosammlung zugreifen. Sie installieren ein kleines Tool auf dem PC, wählen einen Ordner aus und starten die iPad-App. Nun müssen Sie auf dem iPad einen Code eingeben, der vom PC-Tool generiert wurde.

Wenn Sie jetzt in der Welt unterwegs sind und Air Video auf dem iPad starten, können Sie direkt auf den heimischen PC zugreifen, der sämtliche Videos via Livestream auf den iPad-Screen bringt.

Sie müssen also Filme nicht extra umwandeln und auf das iPad kopieren. Das spart Zeit und Speicherplatz!

iWeather

iWeather präsentiert Ihnen nicht nur das aktuelle Wetter auf einen Blick, sondern auch Windstärken, Luftfeuchtigkeit, Sichtverhältnisse, Mondphasen, Satellitenbilder und (wenn verfügbar) sogar Liveeindrücke via Webcam.

Schön ist außerdem, dass Sie Favoriten anlegen und so schnell zwischen verschiedenen Orten hin und her springen können.

Absolute Vintage Studio

Mit dieser App lassen Sie jedes Porträt in wenigen Minuten altern. Diverse Effekte, Rahmen und Vorlagen helfen Ihnen dabei, Ihren Fotos einen antiquierten Look zu verleihen und Fotomontagen zu erstellen, die Omas Fotoalbum entsprungen zu sein scheinen. Es ist verblüffend, wie einfach professionell wirkende „Fake-Porträts" erstellt werden können.

Korg iElectribe

Wer sich ein wenig mit der Produktion elektronischer Beats beschäftigt, kennt Korgs Kulthardware Electribe. Die virtuelle Version der Beatbox ist quasi eine 1:1-Nachbildung und lässt sich dank Multi-Touch-Oberfläche genauso intuitiv bedienen wie das Original. Diese App beweist, dass Apples iPad auch für die Musikproduktion geeignet ist. iElectribe ist quasi der Pionier und viele weitere werden folgen.

FingerPiano

Jeder würde gern Keyboard spielen lernen. Mit dem iPad geht das dank FingerPiano besonders leicht. Sie wählen ein Stück aus und schon werden über der Klaviatur die entsprechenden Tasten durch Symbole markiert. So wissen Sie immer, welche Noten als Nächstes zu spielen sind.

Es ist wirklich interessant zu beobachten: Nach einiger Zeit werden Sie sich dabei ertappen, wie Sie die Noten auswendig spielen, ohne auf die Markierungen zu achten. Übung macht eben doch den Meister!

DJDeckX

DjDeckX verwandelt das iPad in ein komplettes DJ-System. Sie können also zwei Lieder parallel abspielen und diese über Scheiben-Controller wie Schallplatten steuern. Ein Mischpult mit Crossfader und Effekten macht das Set komplett. Die DJ-Bibliothek des Programms können Sie über Ihren PC befüllen. DJs werden sich sofort zurechtfinden und Einsteigern geht das Ganze ebenfalls relativ schnell in Fleisch und Blut über.

LogMeIn: Ignition

23,99 Euro sind kein Pappenstiel. Dafür können Sie mit dieser App stressfrei all Ihre Computer mit dem iPad fernsteuern. Sie müssen lediglich ein kleines Plug-in auf den entsprechenden Rechnern installieren und schon steht die Verbindung. LogMeIn überträgt dann eine 1:1-Kopie Ihres Desktop auf das iPad. Sie bedienen Ihren Rechner also, als säßen Sie direkt davor. Normalerweise sind solche Remote-Desktop-Verbindungen recht aufwendig einzurichten und mit viel IP-Adressengefummel verbunden. LogMeIn nimmt Ihnen all das ab und zwar auf sichere Art und Weise.

YXPlayer

Wir haben Ihnen ja bereits gezeigt, wie Sie Videos in iPad-kompatible Formate umwandeln oder gleich via Mobilfunknetz und WLAN streamen. Es gibt noch einen anderen Weg, um Videos im DivX-, FLV-, MKV-, WMV- oder AVI-Format auf dem iPad zu genießen. Der YXPlayer erlaubt es Ihnen, via iTunes unterschiedlichste Formate auf das iPad zu übertragen und anzusehen – ohne diese vorher konvertieren zu müssen. Im Test spielte die App sogar große Full-HD-MKVs und schlecht aufgelöste FLV-Clips ab.

Allerdings ruckelte die Wiedergabe bei manchen Clips und die Bedienoberfläche wirkt noch arg spartanisch. Diese Probleme werden aber durch zukünftige Updates behoben.

Putpat TV

Stellen Sie sich vor, Sie wären Programdirektor eines Musikvideosenders und könnten bestimmen, welche Clips dort den ganzen Tag laufen. Genau das ermöglicht Putpat TV. Geben Sie einfach die Namen Ihrer Lieblingskünstler ein, um deren Clips zu sehen. So werden Sie quasi zum echten Videojockey. Allerdings geht Putpat TV noch einen Schritt weiter und spielt auch Clips anderer Künstler ab, die zu Ihrer Auswahl passen. Über einen Regler bewerten Sie die Clips, was mit der Zeit die Ergebnisse und Empfehlungen weiter verfeinert. Wer braucht da noch MTV oder VIVA?

Big Calculator

Im Gegensatz zum iPhone wird das iPad ohne integrierten Taschenrechner ausgeliefert. Egal, denn für nur 79 Cent erhalten Sie im App Store sowieso ein viel praktischeres Modell. Der Big Calculator hat zwei einfache, aber supernützliche Zusatzfunktionen.

Zum einen eine virtuelle Papierrolle, auf der Sie alle Berechnungen ablesen können, und zum anderen die Möglichkeit, diese schriftlichen Aufzeichnungen zu kopieren und/oder zu versenden. Die einfachsten Ideen sind eben immer noch die besten!

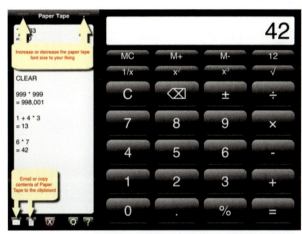

Starmap HD

Es gibt Hobby-Astronomen, die sich das iPad nur wegen dieser App gekauft haben. Was Google Maps für die Erde, ist Starmap HD für den Sternenhimmel.

Diese interaktive Sternenkarte nutzt GPS und Kompassdaten, um das Firmament quasi in Echtzeit abzubilden. Die App ist aber auch Datenbank und Logbuch, was gerade (semi-)professionellen Nutzern sehr entgegenkommen dürfte. Starmap HD ist aber auch allen Laien zu empfehlen, die einfach nur kurz wissen möchten, welche Sterne da oben gerade so schön funkeln.

iOutBank

iOutBank ist für alle iPad-Besitzer interessant, die mehrere Bankkonten bei unterschiedlichen Geldinstituten führen. Diese App vereint alle Konten übersichtlich unter einem Dach und erleichtert die Verwaltung somit enorm. Die iPhone-Version gilt als beste Banking-App ihrer Klasse und auch die iPad-Variante begeistert. Schnell, sicher, aufgeräumt und mit Funktionen, die reines Browser-Banking niemals bieten kann.

7. 50 unverzichtbare Apps

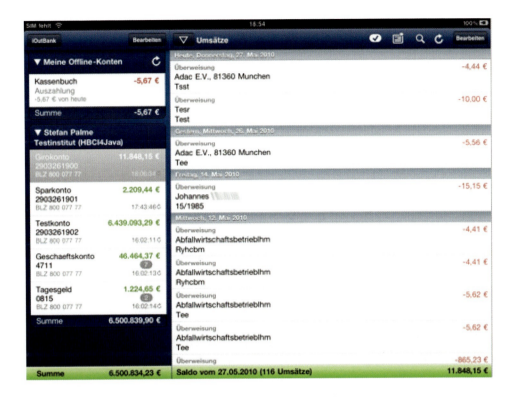

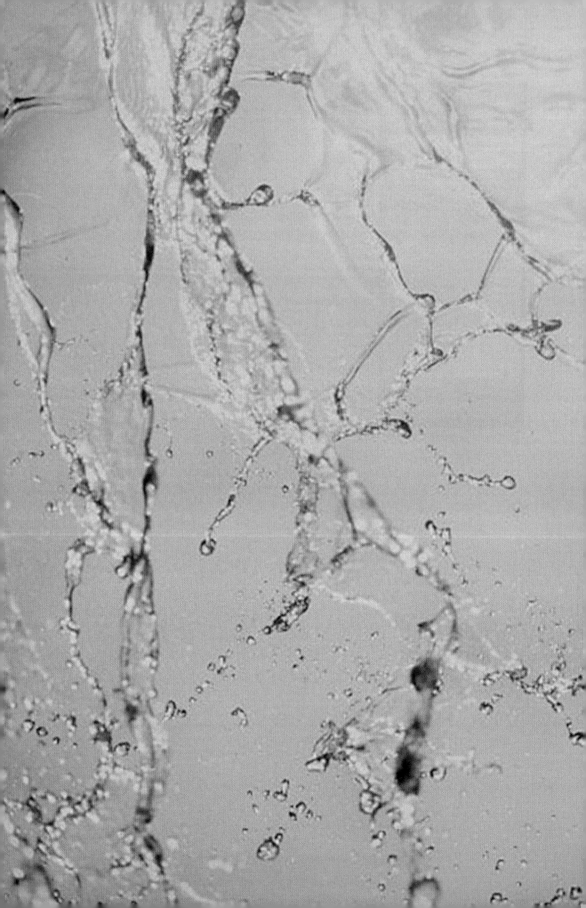

8. Die 17 wichtigsten Webseiten für iPad-User

8. Die 17 wichtigsten Webseiten für iPad-User

Welche Webseiten sind 100 % kompatibel mit dem iPad? Wo gibt es die besten Inhalte zum Thema iPad und iPhone OS? Welche Seiten muss man als iPad-User kennen? Wo bekomme ich kompetente Hilfe? Hier finden Sie eine Zusammenstellung von Webseiten, die jeder iPad-Besitzer in seinen Lesezeichen haben sollte.

Spiegel.de

Wenn man sich als iPad-Besitzer für eine Seite entscheiden müsste, dann wäre das garantiert Spiegel Online. Das Layout stimmt, die Navigation ebenfalls und es gibt sogar einen eigenen iPad-Videokanal, der mit Filmbeiträgen regelrecht vollgestopft ist.

Über die Qualität der Textbeiträge muss man sowieso keine großen Worte verlieren und die Themenvielfalt ist ebenfalls über jeden Zweifel erhaben.

http://www.spiegel.de

iPad-mag.de

Auf iPadMag.de finden Sie eine sehr gute Allround-Berichterstattung zum Thema iPad. Nicht nur News und Infos, sondern auch Meinungen und Kommentare. Die Artikel haben genau dir richtige Länge und Videos können direkt auf der Seite angesehen werden – ohne einen erzwungenen Wechsel zur YouTube-App. Wer hier einmal täglich vorbeischaut, wird sich umfassend informiert fühlen.

http://ipad-mag.de

Google Bücher

Google Bücher umfasst unzählige Ratgeber, Geschichten, Sachbücher und einen ganzen Haufen Zeitschriften.

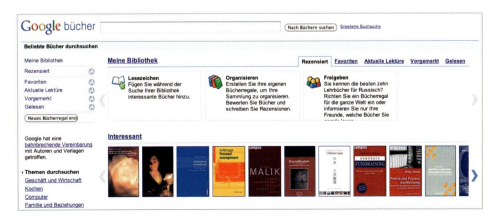

Sie können Lesezeichen erstellen, eigene Bücherregale mit Favoriten füllen und das alles gratis. Die Navigation ist via iPad nicht optimal, aber es dürfte nur eine Frage der Zeit sein, bis sich das ändert. Da alle Buchseiten im Bilderformat abgelegt sind, können Sie sich die Seiten einfach aufs iPad herunterladen und ohne Internetverbindung darin schmökern.

http://books.google.de

Scribd.com

Das Internet ist voller kostenloser Zeitschriften, Romane, Ratgeber, Kochbücher, Kataloge, Sudokus und und und! Man muss das Zeug nur finden. Scribd.com hat das erkannt und stellt ein Sammelbecken für all diese Gratisinhalte dar.

Das Besondere an Scribd.com ist aber auch, dass es eine iPad-optimierte Version gibt, die Ihnen die gewünschte Lektüre auf Knopfdruck als E-Mail-Anhang sendet. Das Tolle ist außerdem, dass Sie sich mit anderen Usern verbinden können und immer sehen, was diese momentan lesen. Wundervoll!

http://www.scribd.com

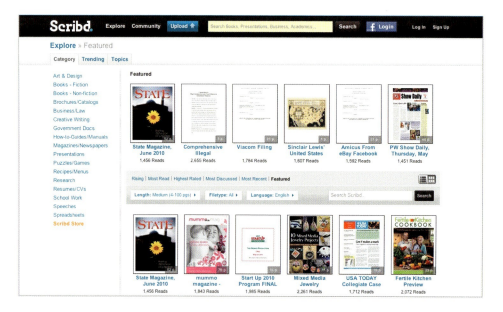

MacUser.de

Gerade bei einem relativ neuen Gerät ist der Austausch mit anderen Besitzern wichtig. Die Seite MacUser.de ist schon lange eine Topanlaufstelle in Sachen Apple-Produkte und hat einen eigenen iPad-Bereich, der bereits jetzt mit allerlei nützlichen Tipps gefüllt ist. Wenn Sie ein Problem haben, dann finden Sie hier garantiert Hilfe. Um die optimierte Version des Forums nutzen zu können, müssen Sie unten links auf der Seite einfach den Style *iPhone* auswählen.

http://www.macuser.de/forum/f132

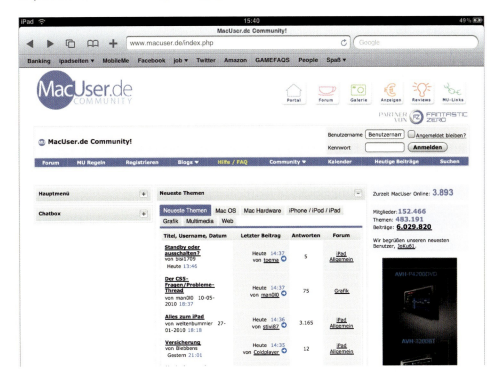

iFun.de

iFun.de ist für iPod, iPad und iPhone-Fans Pflicht, weil kaum eine andere Seite so umfassende News und Tipps zum Thema bietet. So erhalten Sie nicht nur die wichtigsten Meldungen, sondern auch App-Empfehlungen, Schnäppchen-Infos und neuste Gerüchte. Das eigene Forum ist ebenfalls immer einen Besuch wert.

http://www.ifund.de

8. Die 17 wichtigsten Webseiten für iPad-User

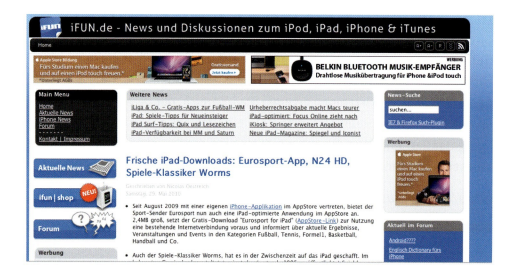

Engadget

Technik- und Gadget-Freaks kennen und lieben Engadget seit Jahren. Der Technik-Blog bringt täglich die wichtigsten und interessantesten Neuigkeiten aus der Welt der Unterhaltungselektronik frisch auf den Tisch.

Die Übersichtlichkeit und das schlichte Layout kommen der Darstellung auf dem iPad sehr zugute. Noch aktueller ist die amerikanische Ursprungsseite, die Sie mit einem Klick auf den entsprechenden Button oben rechts erreichen.

http://de.engadget.com

Gizmodo.de

Neben Engadget gehört der Tech-Blog Gizmodo zu den bekanntesten Gadget-Seiten. Wenn Sie beide Sites einmal täglich ansurfen, erfahren Sie alles, was Sie über die Welt der Hightech-Spielzeuge wissen müssen. Auch hier können Sie auf Wunsch (wie bei Engadget) per Klick oben rechts zur US-Version wechseln.

http://www.gizmodo.de

Facebook

Zum iPad-Verkaufsstart gibt es keine offizielle Facebook-App, was viele enttäuscht. Schließlich sieht die iPhone-Version auf dem iPad schrecklich aus. Aber wissen Sie was? Das ist völlig egal, denn Facebook via Safari sieht auf dem iPad fantastisch aus, lässt sich toll bedienen und könnte durch eine App auch nicht viel besser werden. Lediglich die Chatfunktion bereitet Probleme, aber darauf kann man zur Not verzichten.

http://www.facebook.com

Google

Google muss sein, nicht nur als Suchmaschine, sondern als vielseitiges Werkzeug in Webseitenform. Übersetzung, E-Mail, Rechner, Textverarbeitung und jede Menge mehr. Über die Menüleiste haben Sie schnellen Zugriff auf all diese Features und auch, wenn Sie dort nicht gerade die schönste Optik erwartet, sind die mannigfaltigen Möglichkeiten Grund genug für regelmäßige Besuche.

http://www.google.de

Verivox.de

Verivox.de ist informativ und überaus nützlich, weil Sie auf dieser Seite nicht nur News, sondern auch maßgeschneiderte Preisvergleiche zum Thema Strom, Gas, Handy, DSL/Internet und Festnetz erhalten. Über eine Maske geben Sie Ihre Daten ein und schon spuckt die Seite die Tarife, Preisunterschiede und Anbieter aus. Schnell, umfassend und sauber aufbereitet. Nicht umsonst wurde die Seite von der Stiftung Warentest mit sehr gut benotet.

http://www.verivox.de

Mobile.de

Häufig entgehen einem die besten Angebote, weil man eben nicht dauernd Zeit hat, die entsprechenden Seiten regelmäßig abzugrasen. Dank iPad ändert sich das. Warum nicht nach einem Gebrauchtauto suchen, während Sie in der Schlange stehen? Ist doch besser, als den Feierabend mit solchen langwierigen Aufgaben zu vergeuden, nicht wahr?

http://www.mobile.de

Immonet.de

Auch die langwierige Wohnungssuche lässt sich beschleunigen, indem Sie das iPad in die Suche einbinden. Immer, wenn Sie irgendwo Schlange stehen oder warten müssen, sollten Sie Immonet aufrufen. Sie können Ihre Suche sogar speichern, um nicht jedes Mal erneut alle Suchkriterien eingeben zu müssen.

http://www.immonet.de

iPhonesites.de

iPhoneSites ist eigentlich eine Sammlung von Webseiten, die für das iPhone optimiert sind. Das ist auch für iPad-User von großem Interesse, denn auf Apples neustem Flachmann laufen diese Webangebote ebenfalls perfekt.

http://www.iphonesites.de

8. Die 17 wichtigsten Webseiten für iPad-User

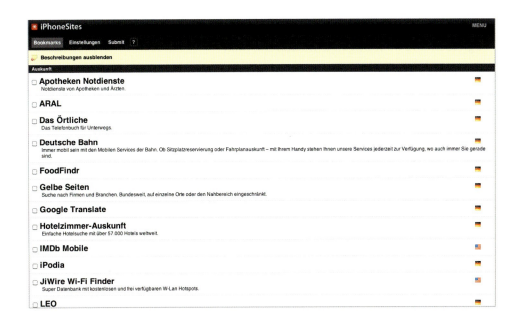

Sports Illustrated

Fans des US-Sports sehen in dieser Webseite den heiligen Gral und das Beste daran ist die hundertprozentige iPad-Kompatibilität.

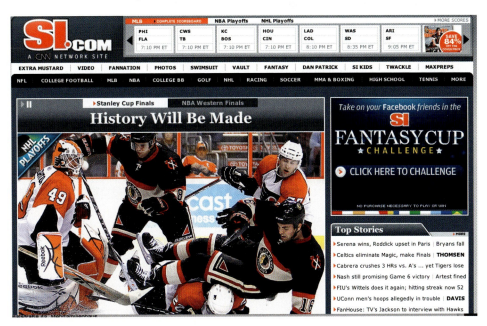

Tolle Berichte, Spielergebnisse, Gerüchte, Transfermarkt, Videos, Fotostrecken, Prognosen und Meinungen erwarten Sie hier.

http://www.si.com

Golem

Wer sich wirklich für News aus dem IT-Bereich interessiert, surft bereits zum Frühstückskaffee auf dieser Seite vorbei. Artikel und Beiträge sind immer topaktuell, gut recherchiert und perfekt auf ein Internetmedium zugeschnitten. Hervorzuheben sind auch die hervorragenden Videobeiträge und der Stellenmarkt.

Auch technisch werden iPad-User toll bedient, da sämtliche Videos direkt auf der Seite abgespielt werden und das alles selbst via EDGE oder GPRS in ordentlichem Tempo.

www.golem.de

Gametrailers.com

Erste Anlaufstelle für alle Gamer im Netz und dazu noch vollkommen iPad-kompatibel: Die Seite GameTrailers sammelt alle möglichen Trailer-Videos zu Video-

und Computerspielen und stellt diese dem Surfer zur Verfügung. Zudem gehören die witzigen Reviews zum Besten, was das Netz zu bieten hat. Unter anderem hat GameTrailers dem Angry Video Game Nerd – einer wirklichen Netzgröße – eine Heimat geboten.

Das Beste ist: Viele Videoseiten haben es noch nicht geschafft, ihre Videos in ein iPad-kompatibles Format umzuwandeln. GameTrailers war hier Vorreiter und bietet die Videos schon lange als QuickTime-Video an. Allerdings müssen Sie sich auf der Seite registrieren. Nennen Sie einen Facebook-Account Ihr Eigen, können Sie diesen nutzen und sind in Sekundenschnelle angemeldet. Danach klicken Sie einfach auf *Watch Video On Your iPhone* und genießen die hochauflösenden Spielebesprechungen und Trailer.

www.gametrailers.com

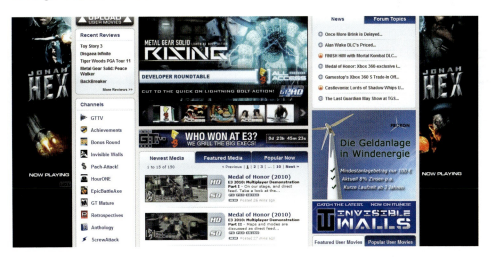

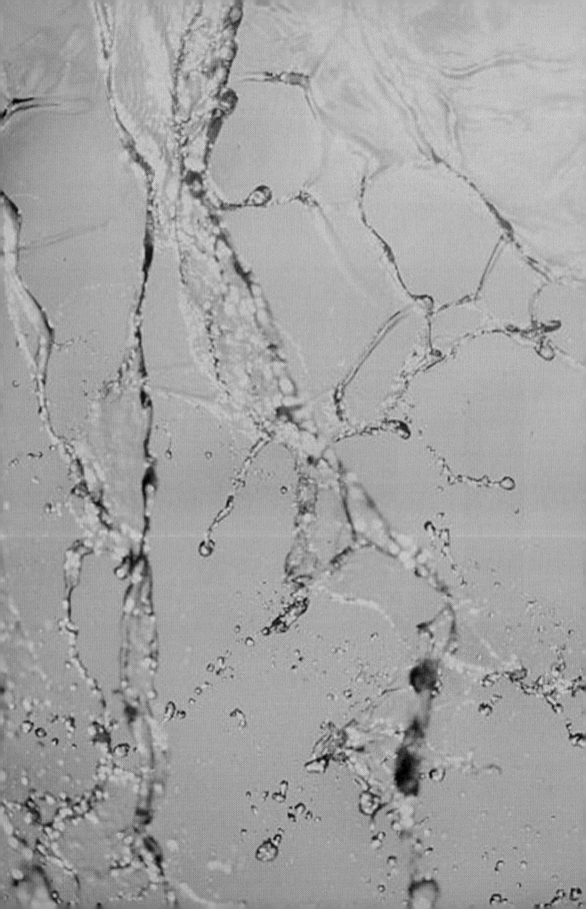

9. iPad-Hacking: Was ist ein Jailbreak?

9.1 So installieren Sie die Custom-Firmware mit Spirit

9.2 Nach dem Jailbreak: Verpassen Sie Ihrem iPad den Turbo

9.3 Die wichtigsten Funktionen von Cydia

9.4 Die wichtigsten Jailbreak-Apps

Auch für das iPad existiert sogenannte Custom-Firmware. Dabei handelt es sich um modifizierte Software, die es dem Benutzer erlaubt, „inoffizielle" Features, Apps und Systemerweiterungen zu installieren. Darum nennt man das Ganze auch Jailbreak, weil es die Einschränkungen der offiziellen Software sprengt. Diese „Befreiung" hat viele Vorteile, aber unter Umständen auch unangenehme Nebeneffekte.

> **Warnung!**
>
> Wer sein iPad via Jailbreak manipuliert, kann im schlimmsten Fall alle Inhalte löschen, schädlichen Trojanern Tür und Tor öffnen oder das iPad unbrauchbar machen. Dann hilft oft nur noch eine komplette Wiederherstellung via iTunes Backup. Kurz: Jailbreak-Software sollten Sie wirklich nur dann einsetzen, wenn Sie wissen, was Sie tun. Nicht umsonst finden Sie in den einschlägigen Internetforen unzählige Einträge von Usern, die nach dem Jailbreak mit Abstürzen, Datenverlust und anderen Problemen kämpften.

9.1 So installieren Sie die Custom-Firmware mit Spirit

Besuchen Sie die Webseite *http://spiritjb.com*. Wählen Sie nun die Software entsprechend Ihrem Betriebssystem. Achten Sie auf die angegebenen Spezifikationen.

Bei Drucklegung dieses Ratgebers war ein Jailbreak per Spirit-Software nur bei Geräten mit den Firmwareversionen 3.1.2, 3.1.3, oder 3.2 möglich.

Nach dem Download müssen Sie die Datei gegebenenfalls entpacken. Erledigt? Dann starten Sie die Software. Wie Sie sehen, gibt es nur einen einzigen Button namens *Jailbreak*. Solange Ihr iPad nicht angeschlossen ist, bleibt dieser Button grau. Stecken Sie das Sync-Kabel in den Anschluss/Dock Connector des iPads und klicken Sie auf *Jailbreak*.

Der Jailbreak-Vorgang kann einige Minuten in Anspruch nehmen. Genau hier machen viele Jailbreaker bereits den ersten Fehler, da sie einen Softwareabsturz vermuten und die Verbindung trennen. Dabei ist es ganz normal, wenn es etwas länger dauert.

Der Vorgang ist erst beendet, wenn die Meldung *Jailbreak Complete* erscheint. Das iPad startet jetzt automatisch neu und damit haben Sie den wichtigsten Schritt erfolgreich hinter sich gebracht.

9.2 Nach dem Jailbreak: Verpassen Sie Ihrem iPad den Turbo

Wenn Sie den iPad-Jailbreak via Spirit durchgeführt haben, geht der Spaß erst so richtig los. Damit Sie die vielen neuen Möglichkeiten überhaupt nutzen können, müssen Sie die entsprechenden Programme installieren. Der Schlüssel zu diesen Programmen nennt sich Cydia.

Cydia ist Ihr Tor in die neue Softwarewelt

Nach dem erfolgreichen Jailbreak finden Sie auf dem Homescreen ein neues Icon namens *Cydia*. Diese App stellt Ihre Verbindung zur inoffiziellen App-Welt dar.

9.3 Die wichtigsten Funktionen von Cydia

Nachdem Sie Cydia gestartet haben, landen Sie auf dem Startscreen. Hier gibt es zwar jede Menge Buttons, aber nicht alle sind für Sie von Belang. Praktisch: FAQs und Anleitungen sind unter dem Punkt *Benutzer-Handbücher* vereint. Die obersten beiden Buttons mit den Facebook- und Twitter-Logos sind einfache Weiterleitungen auf die entsprechenden Seiten von Saurik, dem genialen Geist hinter Cydia. Widmen wir uns nun den wichtigen Optionen.

1 Der Cydia Store ist die inoffizielle Variante von Apples App Store. Hier können Sie sich nützliche Apps kaufen, die das iPad um geniale Features erweitern. Allerdings gilt auch hier: Erst sollten Sie sich nach Gratisalternativen umsehen, denn davon gibt es im Cydia-Universum jede Menge. Bezahlen können Sie die Apps unter anderem via PayPal.

2 Unter *Paketempfehlungen* finden Sie besonders empfehlenswerte Apps – gegliedert nach kostenloser und kostenpflichtiger Software.

3 *Mehr Paketquellen* listet Server, auf denen sich Software für „gejailbreakte" Geräte befindet. Es wird empfohlen, diese Option unbeachtet zu lassen. Fügen Sie hier nur dann neue Serverquellen hinzu, wenn Sie unter *Verwalten* ❼ keine Quellen finden.

4 Der Button *Cydia* bringt Sie zum Startbildschirm von Cydia zurück.

5 Das Menü *Kategorien* listet alle Apps nach Kategorien gegliedert. Wirklich übersichtlich ist das Ganze deshalb noch lange nicht. Wer sich hier etwas umsieht, wird schnell merken, wie unheimlich aktiv die Underground-Entwicklerszene wirklich ist.

Nicht alles ist iPad-kompatibel

Cydia läuft nicht nur auf dem iPad. Genau genommen ist Cydia eine iPhone-App, die glücklicherweise auf dem iPad funktioniert. Darum finden Sie in Cydia zu 98 % iPhone-Software. Vieles davon ist mit dem iPad kompatibel, aber eben nicht alles. In der Regel lassen sich inkompatible Programme aber gar nicht erst installieren oder herunterladen.

6 *Änderungen* listet erhältliche Aktualisierungen Ihrer installierten Software auf und außerdem alle Inhalte, die den Serverquellen neu hinzugefügt wurden.

Sollte eine Aktualisierung für installierte Software vorliegen, klicken Sie diese einfach an und folgen den Anweisungen, um das Update zu installieren.

7 *Verwalten* ist ein ganz wichtiger Punkt. Hier können Sie zum Beispiel einsehen, welche Software und Serverquellen auf Ihrem iPad installiert sind. Außerdem lässt sich hier abrufen, wie viel Speicherplatz noch zur Verfügung steht.

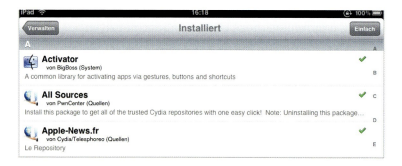

Die installierte Software wird alphabetisch aufgelistet. Wenn Sie ein Programm deinstallieren/entfernen möchten, klicken Sie es an und berühren dann oben rechts den Button *Verändern*. Nun öffnet sich unten eine neue Auswahl. Hier klicken Sie auf *Entfernen* und schon sind Sie die Software los. Unter *Verwalten* finden Sie auch die Option *Quellen*. Dort werden alle Serverquellen aufgelistet,

auf die Ihr iPad Zugriff hat. Um eigene Quellen hinzuzufügen, klicken Sie oben rechts auf *Bearbeiten* und dann oben links auf *Hinzufügen*. Nun öffnet sich ein Textfeld, in das Sie die Adresse tippen können.

> **Serverquellen finden**
>
> Es gibt im Internet unzählige Serverquellen. Wer in Google oder YouTube nach „Cydia Quellen" sucht, findet unzählige Links und Anleitungen. Darunter finden sich allerdings auch Quellen, die das Abspielen von Raubkopien begünstigen. Wir distanzieren uns aber ausdrücklich von solchen Angeboten und werden sie in diesem Ratgeber deshalb nicht erwähnen.

8 *Suche* erklärt sich mal wieder von selbst. Hier geben Sie Begriffe ein, um gezielt nach Inhalten, Apps und Paketen zu suchen.

9.4 Die wichtigsten Jailbreak-Apps

Die kreativen Geister der Jailbreak-Szene sind für einige der genialsten Apps überhaupt verantwortlich. Wir stellen Ihnen ein paar besondere Programme vor, die das iPad um grundlegende Funktionen erweitern. Geben Sie die Namen der Apps einfach in die Suche von Cydia ein, um umgehend zum entsprechenden Installationsfenster zu gelangen.

Wi-Fi Sync: iPad per WLAN synchronisieren

Der Name ist Programm: Dank Wi-Fi Sync können Sie das iPad mit Ihrem Computer synchronisieren, ohne es anzuschließen – also kabellos per WLAN. Dafür muss allerdings einmalig eine Software auf dem Computer installiert werden, doch dies nimmt

nur eine Minute in Anspruch. Mit einem Preis von knapp 10 Dollar (ca. 8 Euro) ist Wi-Fi Sync nicht gerade billig, aber als eine der meistgenutzten Apps jeden Cent wert. Mehr Infos und die benötigte Windows-/Mac-Software finden Sie unter *http://getwifisync.com*.

MyWi: iPhone als WLAN-Router für iPad verwenden

Wenn Sie diese App auf dem iPhone installieren, verwandelt sich das iPhone in einen WLAN-Router. So können Sie das iPad per WLAN mit dem iPhone verbinden und die 3G-Verbindung des iPhones nutzen. Weitaus komfortabler als Bluetooth-Tethering.

Haben Sie MyWi auf einem „gejailbreakten" iPhone installiert, können Sie es als WLAN-Hotspot konfigurieren. Das heißt, dass sich alle WLAN-fähigen Geräte mit dem iPhone verbinden können.

Aus diesem Grund sollten Sie den Zugang via WEP-Verschlüsselung sichern. Fast hätten wir es vergessen: Mit dieser App schalten Sie außerdem Internet-Tethering über Bluetooth und USB frei.

Winterboard: So verschönern Sie das iPad

Die App Winterboard erlaubt das Installieren sogenannter Themes. Das sind Grafiksets, mit denen Sie das Aussehen der Icons, Hintergründe etc. verändern. Für das iPhone gibt es unzählige Themes und für das iPad werden es auch täglich mehr.

Das Tolle daran: Sie können den kompletten Look mit nur einem Klick transformieren. Auf dem Bild sehen Sie das Black & White Winterboard Theme.

SBSettings: die Minischaltzentrale für das iPad

Sie streichen einfach oben links mit dem Finger über die Netzanbieter-/WLAN-Anzeige des iPads und schon poppt ein kleines Menü auf.

Hier können Sie direkt WLAN, 3G, GPS und Bluetooth aktivieren oder deaktivieren, Hintergrundprozesse beenden, Notizen eingeben und eine Art Mini-Dock mit App-Icons anlegen.

Überdies lassen sich hier Werte ablesen wie die IP-Adresse oder freier Speicher. Kurz: Diese App ist ein wahr gewordener Traum.

ProSwitcher HD: Multitasking auf dem iPad

Mit dem kommenden iPhone iOS 4 soll endlich Multitasking möglich sein.

Bedeutet, dass Sie mehrere Programme gleichzeitig laufen lassen und zwischen diesen hin und her springen können.

ProSwitcher HD macht das jetzt schon möglich. Nach der Installation können Sie zwischen geöffneten Apps hin und her blättern – ähnlich wie beim Palm Pre-Smartphone.

Infinidock: Erweitern Sie das iPad-Dock

Normalerweise können maximal sechs Icons im Dock abgelegt werden. Die App Infinidock hebt diese Beschränkung auf, wie das Bild sehr schön zeigt. Da stellt man sich schon die Frage, warum das beim iPad nicht bereits ab Werk möglich ist.

MultiIconMover: mehrere Icons gleichzeitig verschieben

Ärgern Sie sich auch immer darüber, dass man immer nur ein einziges Icon verschieben kann? Ja, dadurch wird das Arrangieren der Icons zur Qual.

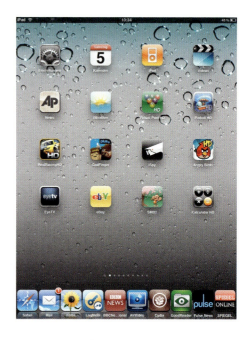

Die Lösung dieses Problems heißt MultiIconMover und erlaubt das simultane Verschieben mehrerer Icons. Dafür müssen Sie einfach nur die entsprechenden Icons antippen und so mit einem Häkchen versehen.

Wenn Sie nun auf eine andere Homescreen-Seite wechseln und den Home-Button drücken, werden alle markierten Icons dorthin verschoben.

Infiniboard: horizontales und vertikales Scrolling

Wie Sie wissen, lässt sich der Homescreen nur nach rechts oder links blättern. Warum ist das eigentlich so? Wer gern auch nach oben oder unten scrollen möchte, muss einfach nur Infiniboard installieren. Dies hat mehrere Vorteile. Sie könnten zum

Beispiel alle Produktivität-Apps vertikal anlegen und alle Spaß-Apps horizontal. Das vertikale Scrolling eignet sich aber auch dazu, bestimmte Apps vor anderen zu verbergen. Denn welcher normale User käme schon auf die Idee, nach unten zu blättern?

Categories: Sammeln Sie Ihre Apps in kategorisierten Ordnern

Das kommende iPhone iOS 4 soll neben Multitasking auch konfigurierbare Ordner bieten. Das geht heute schon mit der App Categories.

Wie Sie auf dem Bild sehen können, haben wir einen Ordner namens

iPhone angelegt. Dort lagern nun alle iPhone-Apps, die nicht die volle iPad-Auflösung unterstützen. Nur ein Beispiel für die vielfältigen Einsatzmöglichkeiten

von Categories. Sie können diese Ordner nach Lust und Laune benennen, befüllen und sogar ihren Look bestimmen.

Activator: iPad-Steuerung de luxe

Stellen Sie sich vor, Sie könnten dem iPad nicht nur Steuerungsgesten beibringen, sondern auch sämtliche Funktionen der Hardwaretasten verändern.

All das macht Activator möglich, und zwar auf sehr clevere und einfache Art. So können Sie zum Beispiel festlegen, dass Sie eine App durch eine ganz bestimmte Wischbewegung schließen möchten.

Vielleicht wollen Sie ja Safari öffnen, indem Sie zweimal kurz den Power-Button betätigen? All das – und mehr – ist dank Activator möglich. Unverzichtbar!

iFile: der iPad-Explorer

Ohne Jailbreak werden Sie die Ordnerstruktur des iPads nie zu Gesicht bekommen. Allerdings bräuchten Sie diesen Ordnerzugriff ohne Jailbreak auch gar nicht.

Wer aber beispielsweise das Safari Download-Plug-in nutzt und mit dem iPad Dateien herunterlädt, für den ist iFile essenziell.

Damit dürfen Sie Ordner und Dateien nicht nur begutachten, sondern auch bearbeiten, ausführen oder verschieben.

Safari Download-Plug-in: Dateien mit Safari herunterladen

Ohne Jailbreak können Sie mit Safari kaum etwas herunterladen. Das Safari Download-Plug-in umgeht diese Beschränkung, sobald es installiert wurde. Wenn Sie danach beispielsweise eine Filmdatei anklicken, können Sie diese entweder im Mediaplayer ansehen oder gleich herunterladen. Mittels iFile-App (siehe vorherige App-Empfehlung) können Sie jederzeit auf den Downloadordner und somit auch auf heruntergeladene Dateien zugreifen. Einfacher geht's nicht.

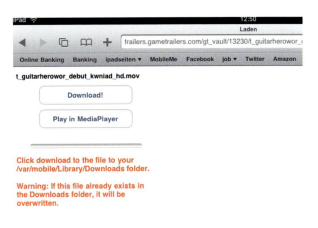

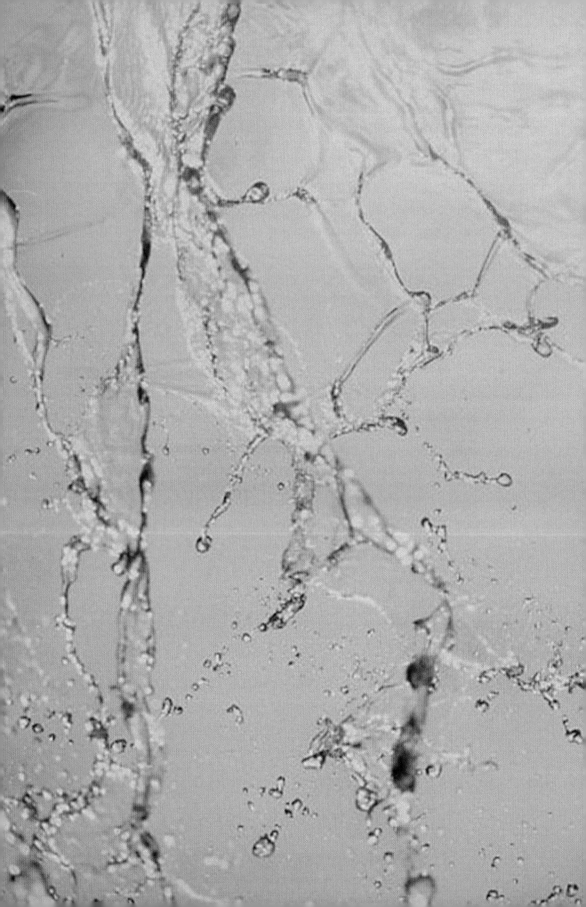

10. Antworten auf die meistgestellten iPad-Fragen

Sieht man sich im Internet um, findet man bestimmte Fragen zum iPad ganz besonders häufig. Die Antworten darauf finden Sie in diesem Kapitel.

Wi-Fi-Verbindung priorisieren?

Frage: Ich habe ein iPad Wi-Fi + 3G und möchte, dass die mobile Datenverbindung (3G, EDGE, GPRS) nur dann genutzt wird, wenn keine WLAN-Verbindung möglich ist. Wo kann ich das einstellen?

Antwort: Eine entsprechende Einstellungsmöglichkeit existiert nicht, aber das ist auch nicht nötig. Das iPad wird immer die WLAN-Verbindung priorisieren und erst dann auf 3G „springen", wenn kein verfügbarer WLAN-Hotspot in Reichweite ist.

iPhone als iPad-Modem nutzen?

Frage: Kann ich mein iPhone als Modem für mein iPad benutzen?

Antwort: Das sogenannte Internet-Tethering zwischen iPad und iPhone ist offiziell nicht möglich. Aber: Mithilfe inoffizieller Jailbreak-Software können Sie Ihr iPhone trotzdem dazu befähigen. Dank Jailbreak lassen sich auf dem iPhone Apps wie zum Beispiel MyWi installieren, wodurch das Internet-Tethering problemlos möglich ist. Mehr zum Thema Jailbreak erfahren Sie in Kapitel 9.

Mit mehreren Computern synchronisieren?

Frage: Kann ich das iPad mit mehreren Computern synchronisieren, um zum Beispiel Fotos mit Freunden zu tauschen?

Antwort: Jein! Sie können zwar mehrere Computer mit dem iPad synchronisieren, aber nicht alle darauf befindlichen Inhalte. So lassen sich zum Beispiel Lesezeichen, Kontakte oder Kalendereinträge mit mehreren Rechnern abgleichen, aber keine Fotos, Videos, Musik, Apps etc.

Kann ich mit dem iPad fotografieren?

Frage: Gibt es wirklich keine Möglichkeit, mit dem iPad Fotos zu knipsen?

Antwort: Wenn Sie ein iPhone oder einen iPod touch besitzen, können Sie über Umwege auch mit dem iPad fotografieren. Dafür benötigen Sie die Apps Camera-A und Camera-B. Camera-A installieren Sie auf dem iPad und Camera-B auf dem iPhone/iPod touch. Wenn beide Apps aktiv sind, können Sie kabellos das Bild von der iPod/

iPhone-Kamera auf den Bildschirm des iPads übertragen. Drücken Sie nun den Auslöser auf dem iPad-Screen, wird ein Bild geknipst und auf dem iPad gespeichert.

Kann man das iPad wirklich nicht im Freien nutzen?

Frage: Überall liest man, das iPad würde bei direkter Sonneneinstrahlung überhitzen und wäre nicht für den Betrieb im Freien geeignet. Stimmt das?

Antwort: Das Ganze wurde in den Medien viel zu sehr dramatisiert. Wenn Sie ein elektronisches Gerät bei starker Hitze unter direkter Sonneneinstrahlung betreiben, dann überhitzt es nach einiger Zeit. Das gilt aber nicht nur für das iPad, sondern für so ziemlich alle ähnlichen Geräte. Wir benutzen das iPad regelmäßig im Freien und haben keine Probleme. Um es dazu zu bringen, sich wegen Überhitzung auszuschalten, muss man es bei laufendem Betrieb für längere Zeit in die pralle Sonne halten.

Welche Datentarife sind für das 3G-Modell zu empfehlen?

Frage: Welcher Anbieter hat das beste Tarifangebot für das iPad Wi-Fi + 3G im Programm?

Antwort: Diese Frage lässt sich nicht pauschal beantworten. Es hängt sehr viel damit zu-

sammen, wie Sie das iPad nutzen. Sind Sie jemand, der häufig Musik und Videos streamt? Laden Sie unterwegs Apps, Filme oder Musik via iTunes/App Store herunter? Dann brauchen Sie einen Vertrag mit hohem „Inklusivvolumen", wie zum Beispiel die Flatrate von BASE (20 Euro/5 GByte monatlich). Benutzen Sie den Onlinezugang nur, um Mails abzurufen und im Internet zu surfen? Dann dürfte eher der Blue S-Tarif von o2 etwas für Sie sein (10 Euro/200 MByte monatlich). Achten Sie in jedem Fall darauf, dass der Anbieter das Überschreiten des Traffics nicht mit Zusatzgebühren bestraft.

Ist das iPad auch für IT-unerfahrene Senioren geeignet?

Frage: Ich spiele mit dem Gedanken, meiner Großmutter ein iPad zu schenken. Allerdings hat sie nie einen Computer besessen und ich weiß nicht, ob Sie mit der Bedienung des iPads überfordert wäre.

Antwort: Um diese Frage zu beantworten, haben wir das iPad mehreren Senioren in die Hand gedrückt und einfach drauflos spielen lassen. Dabei stellt sich eines ganz klar heraus: Nicht die Bedienung bereitet Probleme, sondern fehlendes IT-Grundwissen. Nehmen wir folgenden Satz als Beispiel: „Bitte geben Sie die Internetadresse in den Browser ein". Wer nicht weiß, was ein Browser oder eine Internetadresse ist, kann selbst mit diesem einfachen Satz nichts anfangen. Vergessen Sie außerdem nicht, dass zum Einrichten eines iPads zwingend iTunes und ein Rechner erforderlich sind.

Lieber auf iPad 2 warten?

Frage: Ist es nicht schlauer, auf die nächste iPad-Generation zu warten, die mit eigener Kamera und weiteren neuen Funktionen aufwarten wird?

Antwort: Tja, hier verhält es sich wie mit allen erfolgreichen elektronischen Geräten. Wenn sie veröffentlicht werden, arbeiten die Ingenieure schon längst am verbesserten Nachfolger. Wenn Sie also erst beim „iPad 2" zuschlagen wollen, warum nicht gleich bis zur Veröffentlichung des „iPad 3" warten?

Vollwertiger Navi-Ersatz?

Frage: Bietet das iPad wirklich alle Funktionen eines modernen Navigationsgerätes?

Antwort: Nur die 3G-Version des iPads kann es mit modernen Navis aufnehmen, da nur das iPad Wi-Fi + 3G eine GPS-Funktion bietet. Dazu benötigen Sie eine Navi-App wie zum Beispiel Navigons Mobile Navigator und schon haben Sie ein Top-Navi mit Luxusbildschirm vor sich.

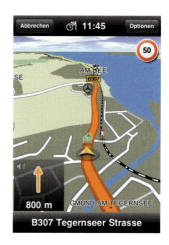

Ist ein Netbook nicht viel günstiger und besser?

Frage: Ist mein altes Netbook nicht viel günstiger und besser als das iPad? Schließlich kann es auch Flash-Inhalte darstellen, Dateien speichern und auf USB-Medien zugreifen.

Antwort: Das iPad ist nicht schlechter als ein Netbook und auch nicht besser. Man kann die Geräte schlicht und einfach nicht miteinander vergleichen. Sie würden ja auch keinen Blu-ray-Player mit einem Videorekorder vergleichen, oder? Das iPad ist gar nicht dafür vorgesehen, die Notebooks dieser Welt zu ersetzen. Es ist eher eine neue Plattform für digitalen Mediengenuss – egal ob Musik, Text, Video oder Software.

Kann man ein anderes Betriebssystem installieren?

Frage: Kann ich auf dem iPad auch andere Betriebssysteme installieren?

Antwort: Es gelang Tüftlern bereits, Windows 95 auf dem iPad oder Android OS auf dem iPhone laufen zu lassen. Das Ganze ist aber alles ande-

re als praxistauglich und von der Serienreife meilenweit entfernt. Eine mögliche Alternative wäre die Virtualisierung bzw. der Fernzugriff über Apps wie Citrix Receiver oder LogMeIn Ignition. Damit können Sie Ihren Mac oder PC auf dem iPad darstellen und via Touchscreen fernsteuern.

iPhone-MultiSIM in iPad benutzen?

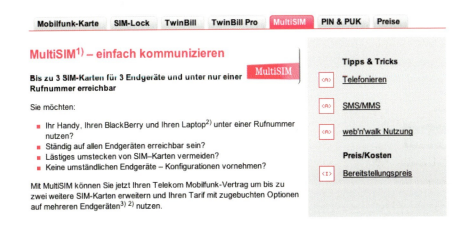

Frage: Kann ich als D1-Kunde mit iPhone-Vertrag eine MultiSIM bestellen und diese problemlos im iPad verwenden?

Antwort: D1-Kunden mit iPhone-Vertrag können zwar eine MultiSIM bestellen und diese für den 3G-Modus des iPads nutzen, aber solange die mobile Datenverbindung des iPads aktiv ist, können sie über die „HauptSIM" keine Anrufe empfangen. Kurz: Sie sind auf dem iPhone nicht erreichbar, solange die Zweitkarte im iPad aktiv ist.

iPad als Infrarot-Fernbedienung?

Frage: Touchscreen-Fernbedienungen für das Heimkino sind teuer und selten perfekt. Gibt es eine Möglichkeit, das iPad entsprechend umzubauen, damit es als Fernbedienung funktioniert?

Antwort: Das funktioniert sogar ganz ohne Umbau. Alles, was Sie brauchen, ist RedEye mini. Dies ist ein Infrarot-Dongle, den Sie oben links in den Kopfhörerausgang des iPhones oder iPads stecken. Dann laden Sie noch die entsprechende RedEye-App auf das Gerät und schon verwandeln sich iPad und iPhone in Universalfernbedienungen mit frei konfigurierbarer Bedienoberfläche. Weitere Informationen finden Sie unter *http://thinkflood.com*.

Spamfilter aktivieren?

▲ *Das iPad selbst bietet keine Spamfilter-Einstellungen.*

Frage: Ich empfange auf dem iPad viele Spammails. Wie kann ich den Spamfilter des iPads aktivieren?

Antwort: Auf dem iPad selbst gibt es keine Spam- oder Junkmail-Einstellungen. Entsprechende Optionen finden Sie normalerweise in den Kontoeinstellungen auf der Webseite Ihres E-Mail-Providers.

DivX-/Avi-Filme abspielen?

Frage: Wie bekomme ich DivX-/AVI-Dateien auf das iPad und lassen sich diese problemlos abspielen?

Antwort: Ab Werk ist das nicht möglich, aber eine App namens YXPlayer macht das iPad quasi nachträglich DivX-tauglich. Damit können Videos via iTunes Sync auf das iPad übertragen und abgespielt werden. Wer kein Geld für eine App ausgeben will, befolgt einfach unsere Anleitung auf Seite 61, um Videos entsprechend zu konvertieren.

Der beste E-Book-Reader?

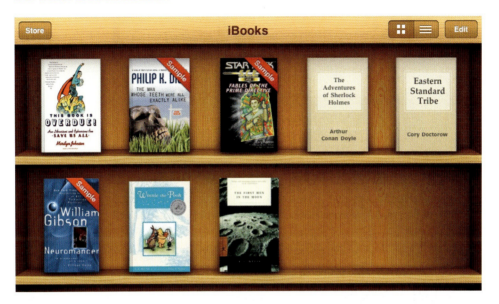

Frage: Ist das iPad zum Lesen wirklich besser als E-Book-Reader mit E-Ink-Technologie?

Antwort: Das kommt auf die Sichtweise an. Mit einem 300-Euro-Reader können Sie eben weniger anstellen als mit einem 500-Euro-iPad. Von interaktiven Zeitschriften und Comics ganz zu schweigen. Will man aber einfach nur ganz klassisch E-Books lesen, kann das iPad allein schon wegen des Displays nicht mithalten.

Die E-Ink-Technologie der meisten Reader ist für das menschliche Auge weitaus angenehmer, weil es nicht überstrahlt und aus jedem Winkel gleich gut ablesbar ist. Die Augen ermüden nicht so schnell wie beim Lesen mit dem iPad. Außerdem bleibt alles selbst bei direkter Sonneneinstrahlung gut sichtbar.

Dateien mit Mail-App verschicken

Frage: Ich habe gerade eine E-Mail verfasst und wollte zum Schluss ein Foto anhängen. Allerdings finde ich nirgendwo den entsprechenden Button.

Antwort: Aus unerfindlichen Gründen bietet die Mail-App des iPads keinen solchen Button für Anhänge. Um etwa Bilder zu verschicken, müssen Sie erst die Fotos-App starten, darin ein Bild auswählen und dann oben rechts den Button mit dem Pfeilsymbol anklicken. Hoffen wir, dass zukünftige OS-Updates es ermöglichen, Dateianhänge direkt über die Mail-Applikation anzufügen.

Telefonieren mit dem iPad?

Frage: Kann man mit dem iPad auch telefonieren?

Antwort: Es gibt diverse Apps wie zum Beispiel Skype, Fring oder Sipgate, die VoIP-Telefonie ermöglichen. **V**oice **o**ver **IP** (VoIP) bedeutet, dass die Datenverbindung des iPads genutzt wird, um Stimmensignale zu übermitteln. Kurz: Telefonieren über das Internet. Zu diesem Zweck können Sie sogar ein Headset anschließen.

Das iPad ohne Computer nutzen?

Frage: Ich habe keinen Computer, möchte aber gern ein iPad kaufen. Ist das ein Problem?

Antwort: Wenn Sie das iPad zum ersten Mal einschalten, verlangt es eine Verbindung zu einem Computer, auf dem sich iTunes befindet. Danach werden Sie eigentlich nicht mehr dazu gezwungen, einen Computer zu benutzen. Allerdings können Sie das iPad ohne Rechner nicht updaten und um das iPad nach einem schwerwiegenden Fehler wiederherzustellen, ist ebenfalls iTunes nötig.

iPad trotz vollen Akkus am Netz lassen?

Frage: Ich lasse mein iPad grundsätzlich in der Docking-Station, wenn ich es nicht benutze. Ist es schlecht für den Akku, wenn das iPad „am Netz" hängt, obwohl es voll aufgeladen ist?

Antwort: Nein. Bei Geräten mit älterer Akkutechnologie kann sich das unter Umständen zwar nachteilig auswirken, aber beim iPad entstehen in der Hinsicht keinerlei Probleme.

Das iPad wird nicht via USB aufgeladen

Frage: Warum wird mein iPad nicht aufgeladen, wenn es am USB-Anschluss meines PCs hängt?

Antwort: Das kann mehrere Gründe haben. Wenn es sich um einen Windows-PC handelt, dürfen Sie das iPad währenddessen nicht benutzen. Schließen Sie es also an und drücken Sie dann auf den Power-Button oben rechts, um es in den Stand-by-Modus zu versetzen. Außerdem lädt das iPad sowieso nur, wenn der Rechner über einen sogenannten high powered USB-Anschluss verfügt. Ungerecht: Bei Apple-Computern mit entsprechendem USB-Port wird das iPad auch während seiner Benutzung aufgeladen.

A

Abkürzungen für Webseiten 84
Adressbuch 104
Akkulaufzeit erhöhen 76
Apps 59
    Bewertungen 136
    nachträgliche Kosten 138
    Spotlight 70
App Store 134
Auto-Großschreibung 51
Auto-Helligkeit 76
Auto-Korrektur 50
Auto-Sync 54

B

Bedienungshilfen 52
Betrugswarnung 96
Bilderrahmen 45
Bildschirmfoto 24
Bluetooth 48
Bluetooth-Keyboards 36
Bluetooth-Protokolle 32
Browser-Alternativen 22, 89
Bücher konvertieren 66
Business-Tool 73

C

Cloud-Computing 79
CSV-Format 105
Cydia 200

D

Dateien verschicken 100
Dateifreigabe 59
Dateigröße 137
Datenabgleich 41
Datenraten konvertieren 79
Daten-Roaming 23
Datenvolumen kontrollieren 19
Dock Connector 31
Docking-Station 36
DRM-Schutz 122

E

E-Books 67
Einschränkungen 50
Einstellungen 40
E-Mail-Anhänge 21
E-Mail-Konten 40
Entfernte Bilder laden 21
EPUB 66
Equalizer 77
Erweiterte Optionen 58

F

Favoriten 57
Fernlöschung 113
Fernsehsendungen synchronisieren 61
Fernsperre 113
Finde mein iPad 42, 113
Firefox 57
Flash-Unterstützung 91
Flugmodus 77
Fotos 68
Fotos-App 116

G

Genius-Funktion 68, 124, 130
Google Calendar Sync 56
Gratis-Apps 136

H

Helligkeit 44
Home-Button 26
Home-Dreifachklick 52

I

iBooks 157
iCal-Kalender 56
Icons anordnen 82
Internationale Tastaturen 51
iPad Camera Connection Kit 37
iPad-Kalender 108
iPad Keyboard Dock 36
iPad-Netzteil 78
iPad personalisieren 80
iPhone 14
iPhone Explorer 119
iPhoto 118
iPod 122
iPod-Optionen 125
iTunes 53, 129

iTunes-Gutschein 131
iTunes, Icons anordnen 84
iTunes U 66

J
Jailbreak 198

K
Kontakte 54
    versenden 99
    verwalten 101
Kreative Tools 168

L
Lesezeichen 57
Lesezeichen verwalten 87
Links senden 127
Lite-Versionen 137

M
Mail-Account synchronisieren 56
Mail-App 96
Mediathek 68
Menü Allgemein 46
Micro-SIM-Karte 18
MobileMe 42, 111
Multi-Touch-Screen 26
Musik 60

N
Netzwerkeinstellungen 48
Neustart 25
Notizen 58, 109

O
Onlineadressbücher 103
Ortungsdienste 49
Outlook 56

P
Podcasts 64
Push-Service 20

R
Reset 25

S
Safari 43
Schnittstellen 31
Schutzfolien anbringen 35
Scrubbing 121
Selbst aufgezeichnete TV-Sendungen 63
Soziale Netzwerke 23
Sparen beim Surfen 93
Speicherplatz sparen 78
Sperrfunktionen 49
Spiele 142
Spotlight 70
Spotlight, Apps 70
Stapelverarbeitung 63
Statistiken zurücksetzen 47
Stereo-Headsets 32
Streaming-Apps 80
Surfen 86
Synchronisieren 53, 54
    Apps 59
    Favoriten 57
    Fotos 68
    Mail-Acoount 56
    Notizen 58
    Podcasts 64
    TV-Sendungen 61

T
Tags 129
Tastatur, Umlaute tippen 28
Termine
    aktualisieren 55
    aufrufen 72
Tethering 17
Timeline 109
Trojaner 95
TVTagger 63

U
Übersicht aller iPad-Modelle 15
Ungeschütztes Netzwerk 43

V
vCards 99
Videoclips verschicken 97

Videooptionen 121
Videoplayer 120
Videos
    auf YouTube hochladen 128
    importieren 60
    konvertieren 122
Viren 95
Virtuelle Tastatur 27
Voice over IP (VoIP) 22

W

Wartungsmodus 25
WebApps 86
Web-Mail 100
Webseiten 184
Wiedergabelisten 123
Wi-Fi-Netzwerk 42
WLAN 42

Y

YouTube 125

Z

Zubehör 34, 37
Zurücksetzen des Gerätes 53